本书由北京第二外国语学院出版基金资助出版　特此鸣谢

国家文化贸易学术研究平台
首都对外文化贸易研究基地 学术论丛

基于情景感知技术的语言学习服务研究

田嵩 著

RESEARCH ON LANGUAGE LEARNING SERVICES WITH CONTEXT-AWARENESS TECHNOLOGY

SSAP
社会科学文献出版社
SOCIAL SCIENCES ACADEMIC PRESS (CHINA)

目录

第一章
绪　言

2013 年，习近平总书记提出“一带一路”倡议以来，以其“五通三同”丰富的内涵、有力的举措和广泛的影响得到沿线国家和地区的积极响应。随着“一带一路”建设不断推进，中国在“一带一路”沿线国家的影响力也在不断提升。在大力拓展“一带一路”建设布局的同时，对掌握“一带一路”沿线国家语言交流能力的人才需求也日益凸显出来。

第一节　“一带一路”沿线国家语言使用情况

据笔者粗略统计，截止到 2017 年 4 月，“一带一路”成员国家共有 65 个，这 65 个国家仅仅是一个基本的范围，包括东南亚 11 国、东亚 1 国、南亚 7 国、中亚 5 国、西亚 19 国、中东欧 17 国、东欧 4 国以及北非 1 国。亚洲国家最多，有 43 个。除新加坡等少数几个国家外，大多数国家都属于发展中国家（王辉等，2016）。这 65 个国家中，除了波黑未在宪法中明确规定其官方语言外，其余 64 个国家都有明确的官方语言。其中 53 个国家只有 1 种官方语言，11 个国家有 2 种及以上官方语言，“一带一路”沿线国家官方语言的具体统计情况如表 1 - 1 所示。

表 1－1　“一带一路”沿线国家官方语言统计情况

区域	国家数量	国家名称	官方语言
东南亚	11	东帝汶	德顿语、葡萄牙语
		菲律宾	菲律宾语、英语
		柬埔寨	高棉语
		老挝	老挝语
		马来西亚	马来语
		缅甸	缅甸语
		泰国	泰语
		文莱	马来语
		新加坡	马来语、华语、泰米尔语、英语
		印度尼西亚	印尼语
		越南	越南语
东亚	1	蒙古	蒙古语
南亚	7	巴基斯坦	乌尔都语
		不丹	宗卡语
		马尔代夫	迪维希语
		孟加拉国	孟加拉语、英语
		尼泊尔	尼泊尔语
		斯里兰卡	僧伽罗语、泰米尔语
		印度	印地语、英语
中亚	5	哈萨克斯坦	哈萨克语、俄语
		吉尔吉斯斯坦	俄语
		塔吉克斯坦	塔吉克语
		土库曼斯坦	土库曼语
		乌兹别克斯坦	乌兹别克语
西亚	19	阿富汗	普什图语、达里语
		阿联酋	阿拉伯语
		阿曼	阿拉伯语
		阿塞拜疆	阿塞拜疆语
		巴勒斯坦	阿拉伯语
		巴林	阿拉伯语

续表

区域	国家数量	国家名称	官方语言
西亚	19	格鲁吉亚	格鲁吉亚语
		卡塔尔	阿拉伯语
		科威特	阿拉伯语
		黎巴嫩	阿拉伯语
		沙特阿拉伯	阿拉伯语
		土耳其	土耳其语
		叙利亚	阿拉伯语
		亚美尼亚	亚美尼亚语
		也门	阿拉伯语
		伊拉克	阿拉伯语、库尔德语
		伊朗	波斯语
		以色列	希伯来语
		约旦	阿拉伯语
中东欧	17	阿尔巴尼亚	阿尔巴尼亚语
		爱沙尼亚	爱沙尼亚语
		保加利亚	保加利亚语
		波兰	波兰语
		波黑	波斯尼亚语、塞尔维亚语、克罗地亚语
		黑山	黑山语
		捷克	捷克语
		克罗地亚	克罗地亚语
		拉脱维亚	拉脱维亚语
		立陶宛	立陶宛语
		罗马尼亚	罗马尼亚语
		北马其顿	马其顿语
		塞尔维亚	塞尔维亚语
		塞浦路斯	希腊语、土耳其语
		斯洛伐克	斯洛伐克语
		斯洛文尼亚	斯洛文尼亚语
		匈牙利	匈牙利语

续表

区域	国家数量	国家名称	官方语言
东欧	4	白俄罗斯	白俄罗斯语、俄语
		俄罗斯	俄语
		摩尔多瓦	摩尔多瓦语
		乌克兰	乌克兰语
北非	1	埃及	阿拉伯语

资料来源：外交部网站。

这64个国家的80种官方语言中，现代标准阿拉伯语使用最为广泛，是阿联酋、阿曼、科威特、沙特阿拉伯、叙利亚、也门、约旦、埃及、巴林、卡塔尔、巴勒斯坦、黎巴嫩和伊拉克等13个国家的官方语言。其次为英语和俄语，其中孟加拉国、菲律宾、新加坡、印度的官方语言为英语，俄罗斯、白俄罗斯、哈萨克斯坦和吉尔吉斯斯坦的官方语言为俄语。排除上述同一种语言作为多个国家官方语言的情况，“一带一路”沿线国家的官方语言（不包括汉语）共计55种，涉及汉藏、印欧、乌拉尔、阿尔泰、闪含、高加索及达罗毗荼等主要语系，如图1－1所示。

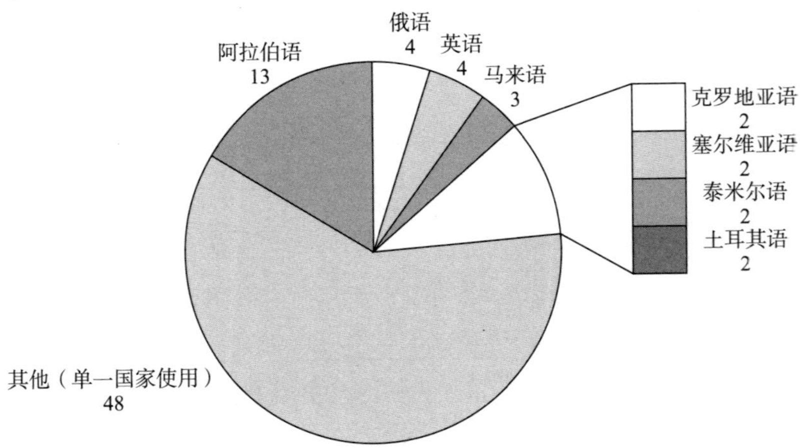

图1－1　“一带一路”沿线国家官方语言统计

资料来源：外交部网站。

从地理分布的角度来看，被较多国家认定的官方语言通常具有非常明显的地域特征，即通常在国与国之间的边境接壤处，且同时具有相近的宗教或文化背景时，这些国家往往会选择统一的官方语言。从地域视角观察到“一带一路”沿线国家官方语言的分布情况，可以发现“一带一路”沿线国家官方语言具有多样性、地域性和复杂性的特点，特别是阿拉伯语、俄语和英语分别在不同区域形成各自的语言群落，而在东欧和东南亚地区各国官方语言的使用则呈现明显的多样化特征。

从上述的介绍可以看出，要实现“一带一路”倡议的顺利推进，不仅需要政府主管部门的引导和相关配套政策的支持，以及各企事业单位、对外经济贸易公司的鼎力协助，同时还需要大量掌握“一带一路”沿线国家多样化语言和文化背景的专业化人才队伍，因此“一带一路”沿线国家各具特色的语言学习和培训工作就显得尤为重要。

第二节 我国语言教学现状

反观我国语言教育的现状，以英语教学为例，2012 年 1 月《义务教育英语课程标准（2011 年版）》正式颁布，义务教育阶段的英语教学再次被赋予了重要的教学地位，同时由于英语在世界范围内被广泛作为沟通交流的语言工具，因此大部分中小学校都以英语作为主要的外语学习语种，高考也将英语作为主要考试科目，这使得大部分进入本科阶段学习的学生都已经具备了一定的英语语言基础。而进入本科阶段后，绝大部分专业仍旧将英语放在课程学习中重要的位置，进一步巩固了英语学习的地位，王守仁和王海啸（2011）的研究表明，本科阶段大部分高校的英语课程由必修课和选修课两部分组成，学分大多数介于 13 到 16 分，并有越来越多的学校在逐步减少大学英语必修课的学分。而在新媒体的使用上，数量较多的学校主要使用由出版社提供的多媒体教学课件，也有部分“985”和“211”高校使用自己开发的课件。特别是基于网络平台的多媒体课件资源则较少由学校自主开发，更多的还是由出版机构统一提供。对于创新型信息技术在英语教学中的应用，例如翻转课堂、慕课教学、移动学习、情景感知学习等则较少有学校使用，这与文科类专业教学团队的信息技术能力较弱以及语言教学抽象化程度高的特点有关（黄荣怀等，2012；李宝鸿，2002）。

对于非英语语言的专业化学习，大部分学生都是在义务教育阶段经过英语学习的基础上，进入本科阶段后才开始正式接触的，因此我们通常也将非英语专业称为小语种专业，这里的小语种并非指语言本身文化承载量的大小，或是这一语言使用人数的多少，而仅仅是由我国现行教育体系和学习比例所决定的。

本科阶段的小语种语言学习往往缺乏英语语言学习的多年基础，因此语言的学习往往是从基础开始，并且基础类课程往往会占用大量课时，从而导致口语、写作类高级课程的课时相对较少，同时小语种教学资源的稀缺性，也使得小语种情境实践学习难以广泛开展（郎瑾，2012）。此外，现阶段我国的小语种课堂教学形式仍旧存在单一化、简单化、片面化的问题，教学方式停留在听写生词、背诵课文、观看视听资料等层面，缺乏多元化、个性化、智能化的教学方式（丁天华，2012）。

综合来看，尽管很多高校已经积极地将多媒体和互联网技术应用到语言教学活动中，以增强语言教学的多元化和个性化，但是仍旧有较大的改进空间。特别是小语种语言教学，对于大部分学生来讲，语言学习过程中建立有效的知识学习体系，满足差异化的个性学习，以及有效的阶段性学习评估等都成为提升小语种教学质量的重要途径（龚海燕等，2018）。

第三节　当前小语种语言学习中存在的问题

对于刚进入本科阶段学习的学生，往往都是才开始接触小语种语言学习，这一过程中可能会遇到如下几方面的问题。

1. 陌生语种学习带来的学习压力

对于小语种本科专业的学生来讲，大部分人都是进入本科阶段后才开始系统化学习小语种语言，即大部分人都是从零开始，每个人都站在相同的起跑线上，这对已经完成了十余年基础教育学习的学生来讲，仍旧会有较大的学习压力。同时，一门新语言的学习也会使学生的学习动力更强，适当的教学方法和教学策略的引导，更是会达到事半功倍的效果。因此，对于小语种语言的学习，特别是对初学者的培养，更应该注重多种教学模式和教学方法的引入，让学生在开始阶段就打下良好的学习基础。

2. 背景知识缺乏导致的入门困难

语言的学习离不开对相关文化背景知识的了解，特别是对于高端语言人才来说，对目的国文化和历史背景的熟悉，是高级翻译或文化、贸易交流人才不可或缺的。对于小语种专业的学生来讲，大部分人没有小语种母语文化的相关积累，也缺乏像对英美文化一样的丰富了解，往往只是具备对语言对象国“浅层”文化的认知，因此大部分小语种课程在初始阶段，往往只能强调单词、语法、听力等的训练，而没能够把语言情景和文化背景融入课堂教学中，缺乏“沉浸式”教学带来的高层次语言能力的培养（何莉莉，2014）。尽管有条件的院校会通过交流学习的方式派遣学生到小语种对象国深入学习一段时间，但是对于大部分不具备国际交流条件的院校，在最为重要的语言入门阶段，文化背景的欠缺和情景化的教学体验不足仍旧是亟待解决的问题。

3. 学习资源匮乏造成的学习效率低下

大部分小语种课程仍旧采用传统的教学方式，这一方面是由小语种学习者和语言学习内容的特点决定的，另一方面使用复杂的信息技术需要具备更加专业化的信息素养以及时间精力的巨大付出，而大部分小语种专业课程的任课教师并不具备这样的条件，这就使得很多语言课程还停留在播放多媒体光盘或数字音频的层面，因此，现代化、交互化和智能化的语言学习资源在现有的教学体系中仍旧十分匮乏。教学手段单一和数字化学习资源匮乏带来的后果就是部分学生在度过小语种语言学习开始时的兴奋期后，往往会对后续的学习缺乏主动探索的欲望，或者只将语言的学习局限在单一领域，无法拓展到更加广阔的、综合性的学习领域中（王兴国，2016）。

综上所述，小语种教学在人才水准、师资质量、教学资源等多方面还有很大的拓展空间，过于依赖传统教学形式，极易造成课程模式陈旧、课程体系定位模糊的问题，特别是学生的跨文化能力不足，使得小语种教学亟须在教学形式和教学内容上做出改变。随着信息技术的发展和社会的不断进步，前沿性的教育技术和教学理念在小语种语言教学中的应用将更加可行，这对于改善小语种专业的语言教学环境，改变学生的语言学习习惯，提升学生的学习积极性和学习效果具有重要的意义。

第四节　研究思路、方法与主要研究内容

本研究以文献综述为基础，重点分析当前语言教学，特别是小语种教学活动中面临的问题和困境，以及创新型教育技术在语言学习中的应用案例，厘清我国小语种语言教学的发展脉络，特别是针对当前移动互联网环境下语言教学面临的新挑战、新形势和新发展，为创新型语言学习服务的开展提供新的思路和方法。通过实证研究分析，找到创新型教育技术，特别是情境感知技术在移动环境中搭建语言学习平台的实现机制和组成框架。同时，本研究以独具特色的小语种——阿拉伯语学习为例，通过在阿拉伯语教学过程中搭建情境感知环境，开展智能化的“情景”教学活动，并通过问卷调查的方式，采集学生对情景感知环境的适应度和满意度数据，利用假定的路径模型对情景感知的学习接受度进行量化分析，找出小语种教学过程中存在的问题，探索解决方案，最

终实现小语种教学效果的提升。

本书结合计算机辅助语言学习领域的最新发展趋势和教育信息技术领域的最新进展，提出基于情景感知技术的小语种语言服务平台的实现框架，并通过实证研究来验证情景感知技术在小语种语言学习中的可行性和有效性。研究的核心要素体现在情景感知技术作为教育技术领域近年来的研究前沿和研究热点，与个体学习者和学习资源间相互感知、建立连接的过程，对每个个体化学习者提供各自独立的学习路径，通过建立基于语义网的智能推荐机制，对不同学习者推荐各具特色的学习内容。同时情景感知技术融合了移动网络、物联网感知、智能推荐等领域的最新技术，对面向未来的智慧学习环境的研究也可以起到一定程度的指导和借鉴作用。

本书的主要应用价值在于以笔者所在学校独具特色的阿拉伯语语言教学作为实证研究切入点，学习环境和学习者之间情景感知环境的建立和基于情景感知技术的语言学习服务平台的搭建都是本课题研究的重点和创新点。小语种教学与传统的英语教学是有很大不同的，这也使得现阶段的小语种学习更加需要创新型教育技术的协助，来帮助学习者提升其在语言、文化、社会等多方面的综合能力。通过实证研究则可以为今后的语言教学、文化传播和学生学习行为分析等研究领域提供可借鉴的经验和结论，同时也可以更好地扩大课题研究的社会影响力。本书先以具有典型小语种学习特点的阿拉伯语学习为切入点，将情景感知学习理念与语言学习活动相结合，力求为小语种语言学习者提供一种更加适用的泛在化语言学习环境，提升语言学习者的学习兴趣、跨文化能力和自发性协作学习能力，同时本书的研究内容还可以对英语学习和其他小语种学习，乃至更多社会化语言学习过程提供值得借鉴的经验。

本书采用文献研究和实证研究相结合的研究方法，在提出理论框架的同时开展实证分析，综合当前主流的移动网络环境学习平台搭建技术，特别是创新型信息技术与教学活动的结合，针对移动网络环境下学习活动移动化、泛在化、碎片化、智能化的趋势，以定量分析研究的方法评价情景感知技术在小语种语言教学中的可行性和学习效果，并提出对小语种语言教学的改进方案。本书分为四个部分，主要由以下六个章节组成，各部分概要如下。

第一部分是本研究的概述，由第一章组成。本部分主要涉及相关文献及研究背景的梳理，并提出研究思路、方法及主要研究内容。着重介绍了“一带一路”倡议大背景下，我国对语言文化类高端人才需求的紧迫性，以及对当前我国语言教学，特别是小语种语言教学存在的问题进行梳理，提出教学过程中面临的问题，在此基础上简要介绍本研究的研究思路、研究方法与主要研究内容。

第二部分则以笔者所在学校（北京第二外国语学院）为例，着重介绍了国内阿拉伯语教学现状、问题以及教育技术在现代教学中的应用，由第二、三章组成。其中阿拉伯语教学现状以笔者所在学校阿拉伯语专业开展的教学情况为基础，从伊斯兰文化与阿拉伯语教学的角度出发，探讨多媒体教学活动在阿拉伯语教学开展的情况。同时，这一部分的第三章详细介绍了创新型教育技术的发展历程，以及教育技术在语言教学中的应用案例，这对后续研究的开展可以提供很好的借鉴，特别是创新型教育技术给教学活动带来的改变，以及教学模式变革过程中带来的优缺点。

第三部分详细介绍了情景感知技术的理论框架和笔者所在学校阿拉伯语教学中的实证研究，由第四、五章组成。这一部分是本书研究的核心内容，其中第四章详细介绍了情景感知技术的发展脉络、系统框架和关键技术，特别是从理论层面和技术角度总结搭建情景感知学习服务平台的重要技术，另外通过分析情景感知技术在不同领域或行业中的应用案例，总结情景感知系统的实现思路，为本书中用于小语种语言教学情景感知学习服务环境的实现积累经验。第五章从技术层面详细介绍了情景感知技术以及基于该技术搭建的情景感知语言学习服务环境，特别是详细介绍了其中涉及的关键技术和实现步骤，以及开展小语种语言教学的技术细节和安全保障机制，同时通过实证研究的方式检验情景感知语言学习服务环境在小语种语言学习过程中的学习效果和技术接受度。

第四部分为本书的结论和展望部分，由第六章组成。在前述理论研究和实证检验的基础上，本部分将针对实证研究过程中出现的优势与不足做出总结，同时以笔者所在学校阿拉伯语教学活动为切入点，提出针对小语种语言学习服务的创新型教学理念和面向未来的语言学习发展思路，最后从多角度进一步阐述“一带一路”倡议背景下小语种语言学习的意义和价值，为今后深入研究创新型教学理念与小语种语言学习提供可借鉴的经验。

第二章

阿拉伯—伊斯兰文化与阿拉伯语教学

在介绍阿拉伯语教学活动之前，我们先要了解下阿拉伯—伊斯兰文化的独特之处，以及阿拉伯语学习的不同之处。语言从本质上说，同宗教、法律、文学、艺术一样，都是文化的一部分，可以说它是文化的“活化石”。语言有深厚的文化内涵，这是因为“全部文化依赖于符号，正是由于有符号能力的产生和使用，才使得文化有可能永存不朽”（胡培俊，1994）。从另一个角度看，语言也是社会文化的一面镜子。具体到阿拉伯语来说，它是阿拉伯民族文化所规定的，是阿拉伯—伊斯兰文化的一种表现形式。阿拉伯民族文化的价值、观点、准则、习俗等都在阿拉伯语中烙下了深深的印记。因此，人们可以从这种语言中去寻找阿拉伯—伊斯兰文化的历史脚印，揭示其中积淀的厚重文化。

阿拉伯语起源于阿拉伯半岛，这里被沙漠所环绕，形成了阿拉伯人逐水草而居、以游牧为生的生存方式，以部落为基础的社会结构，使得伊斯兰教信仰在政治、生活等方面对阿拉伯穆斯林产生了深刻的影响，进而带给了这一民族文化以巨大的变化，这一切正是孕育阿拉伯文化的土壤，是阿拉伯文化属性的根源（魏启荣，2013）。

第一节　阿拉伯—伊斯兰文化特征

阿拉伯语鲜明的语言特征也带来了阿拉伯语教学在设计时与其他语

言教学有很大不同。特别是阿拉伯语带有鲜明的宗教特征，其与伊斯兰文化有非同一般的关系，具体体现在以下几个方面。

1. 伊斯兰文化的经典——《古兰经》

《古兰经》对伊斯兰教和穆斯林而言极为重要，所有涉及伊斯兰的研究都回避不了对这一典籍的研究，同时与《古兰经》相关的研究涉及面大而又聚讼纷纭，穆斯林共同体以及共同体之外的群体对于这部典籍都给予了各自的价值评判（安德鲁·里平，2017）。《古兰经》的内容是由穆罕默德宣告的真主启示所汇编，以阿拉伯语写成。这里的“古兰”一词是阿拉伯语的音译，意为“宣读”“诵读”。

《古兰经》以阿拉伯语言文字为载体得以记录、保存，通过伊斯兰教得以广泛传播和发展。此外，作为伊斯兰教的根本经典，《古兰经》对阿拉伯语的传播和使用功不可没，牢固确立了标准阿拉伯语为阿拉伯民族共同语言的地位，同时也促进了阿拉伯语语文学科的产生和发展。《古兰经》作为阿拉伯语的经典范本，也确保了阿拉伯语规范的一致性，不同阿拉伯方言区的人都可以使用古典阿拉伯语的书写文本。埃及现代著名作家、文学家、文艺批评家和思想家塔哈·侯赛因（1889～1973）曾经指出：“是《古兰经》把不同部落的不同方言统一成为阿拉伯文学语言……《古兰经》降示之后的功绩是其语言成为全体阿拉伯人的文学语言。”（李意，2003）

2. 伊斯兰文化的传播带来阿拉伯语的完善与发展

伊斯兰教产生以前，阿拉伯半岛上没有统一的国家与语言，是伊斯兰教的创始人穆罕默德将阿拉伯半岛上分散的部落统一在伊斯兰的旗帜下。以麦加古莱氏部族的方言为基础写成的《古兰经》，成了后来的阿拉伯语规范。随着伊斯兰教的传播，阿拉伯语的使用范围扩大到了西亚、北非的广大地区，并逐渐成为统一的标准阿拉伯语。《古兰经》在穆斯林心目中的特殊地位和它强大的凝聚力，使阿拉伯语在复杂、激烈的社会、政治和文化变迁中保持其原貌并得到发展。《古兰经》语言是典范的阿拉伯语，至今仍是研究阿拉伯语发音、词汇、语法、修辞、语言文化的基本依据。

3. *伊斯兰文化给阿拉伯语浸染上浓重的文化色彩*

伊斯兰文化对阿拉伯人和广大穆斯林的影响范围之广、程度之深超过世界上其他任何宗教，脱离了伊斯兰文化背景来学习阿拉伯语会变得更加困难，甚至也会影响学习阿拉伯语的兴趣。例如，由穆斯林创作的伊斯兰艺术作品，就与其他西方文明的艺术作品有着截然不同的呈现效果。随着伊斯兰教的兴起和阿拉伯帝国的扩张，作为伊斯兰文化重要组成部分的艺术也经历了一个形成和发展的过程。在这一过程中伊斯兰艺术不仅充分吸收了东西方文化的精髓，同时也充分保留了伊斯兰文明的独特之处。由于伊斯兰教信仰的核心是绝对的一神论，同时反对偶像崇拜，长期以来在公共场所，特别是宗教建筑中禁止塑造或描绘人或动物的形象，因此伊斯兰美术作品不关注对活物外观的表现，形成了以抽象化装饰图案为主要特色的阿拉伯纹样装饰体系，从而在其美术作品中可以发现非常明显的阿拉伯文化特征。

阿拉伯书法最早起源于对《古兰经》的抄写，这就使得学习阿拉伯语书法时不可避免地要与伊斯兰文化相结合，而阿拉伯语的书写也非常明显地继承了伊斯兰美术作品的特征，即追求书写画面的外在形式美，例如阿拉伯书法强调文字的装饰性和外观的纹样化，同时书写工具也非常特殊，阿拉伯书法家经常在羊皮纸上使用芦苇笔书写，书写方向是从右向左，强调文字书写的流畅感和曲线美，因此在阿拉伯语书写过程中人们可以体会到非常明显的伊斯兰文化特征。

伊斯兰教是一个入世的宗教。它与穆斯林的日常生活息息相关，伊斯兰教文化的影响在穆斯林日常交际用语中也表现得十分明显。如见面问候时说“安拉的和平、慈悯与吉祥降临在您身上”，问候病人时说“愿安拉使你痊愈”，表示对某市感叹、赞美时说“安拉至高无上”或“赞美归于安拉”，表示批评或原谅时说“愿安拉引导你”或“愿安拉原谅你”等。由此可见，对伊斯兰文化的深入了解，是更好地学习阿拉伯语的重要基础。

第二节　文化内涵对阿拉伯语学习的重要性

外语教学专家古德诺夫（Goodenough）在《文化人类学与语言学》（*Cultural Anthropology and Linguistics*）一书中这样论述语言和文化的关系：“一个社会的语言是该社会文化的一个方面，语言和文化是部分与整体的关系，语言作为文化的组成部分，其特殊性表现在：它是学习文化的主要工具，人在学习和运用语言的过程中获得整个文化。”从中可以看出，语言是文化的重要组成部分，既是文化的载体，也是文化的基础，没有语言就难以谈及文化（杨小琴，2008）。

1. 从语言的功能角度来看

语言本身就是具有储存、记录和延续文化的载体，语言中必然要呈现一种或多种文化。因此阿拉伯语教学过程中更重视对语言本身，如发音、词汇、语法、语义和语用等的学习，经常将对应的汉语释义置于“对等”或“全等”的配对关系中，忽视其中的文化标记和内在的文化链接，这对于真正精通一门语言的人来讲这是不可取的。因为在不同的文化语境下，不同的民族从生存的真实世界中积累的经验不同，对客观世界中的具体事物认识倾向会有所差异，因而导致了不同民族语言中相同或相关词语所表示的概念内涵和信息外延具有各自的文化标记。

沃尔夫森（N. Wolfson）曾说过：在与外族人交谈时，本族人对他们在语音和语法上的错误往往比较宽容，与此相反，违反说话规则被认为是不礼貌的，这里的说话规则指的就是制约言语形式的文化规则。不同的语言，对世界事物的概括往往是不同的，因为文化影响了语言。只掌握语言，不懂得对方的文化很难顺利进行交际。实际上不仅语言结构与文化有关，同样的，语言的使用也与文化密切相关（赵英玲，2004）。下面举几个具体的例子来呈现中阿文化之间的差异带来的中阿表达方式的不同。

اقطعي لسانك الطويل .

管住你的长舌。（阿语说法）

闭上你的大嘴巴。（中文说法）

الخجل يعقد لساني .

羞愧使我的舌头打了结。（阿语说法）

我羞愧得无法开口。（中文说法）

ولي عليه بعض الفضل .

我对他有些恩惠。（阿语说法）

他欠我的恩情。（中文说法）

2. 从学习的目的角度来看

阿拉伯语学习主要是培养学生在实际场景中综合运用语言进行交流的能力，交流能力主要由社交能力和语言能力两部分组成，而社交能力的获得又主要取决于交际者是否从该语言中学习到了其中蕴含的文化背景和社会交往的知识。因此，对于阿语的学习者而言，掌握阿拉伯—伊斯兰文化的底蕴和发展脉络是至关重要的，因为有文化底蕴的语言才更加有魅力。

3. 从文化差异的角度来看

我国著名的翻译家王佐良先生对于翻译与文化的问题曾提出：翻译与文化密不可分，翻译可以促进文化繁荣，文化繁荣往往会带来翻译高潮。王佐良先生指出："不了解语言当中的社会文化，谁也无法真正掌握语言"（黎昌抱，2009）。这段话对于阿拉伯语学习者而言具有非常重要的意义，即对阿拉伯—伊斯兰文化的认知，不仅决定语言学习的结果，它还制约着语言形式。文化障碍将成为语言学习的障碍，阿拉伯—伊斯兰文化具有鲜明的个性，如果不全面地去了解它，这种文化形态差异反映到阿拉伯语上，就会表现为语言差异。

例如：

العمل هو ما يحاسب عليه واني أحصل على رزقي بعرق الجبين.

原译：工作是算计着来的，而我是靠头上的汗水挣饭吃的。

改译：末日清算依据的可是工作，我就是靠额上的汗水谋生的。

从字面看，原译似乎无可指摘，然而根据上下文，句中画线部分的隐意是“末日清算的依据”，因为这句话出自阿拉伯穆斯林之口，而穆斯林是信仰末日清算的，故后面改译的意义更加明确、有说服力。由此可见，语言表面层次的理解仅仅是语言翻译的初级阶段，要做到准确地理解语言更深层次的含义，离不开对其依赖文化的更深刻理解。

第三节　文化情景引入对阿拉伯语教学的启示

多年与一线阿拉伯语教学工作者的合作，使笔者深深地体会到：在开展语言教学工作的同时，还要通过多种媒介和形式向学生阐明语言学习与文化学习之间的重要联系，只有意识到这一点，才能快速提升学生对语言文化的深刻理解，否则学生会在不同文化背景的语言学习中遇到很多在母语学习中未曾遇到过的棘手问题，妨碍对语言的进一步理解和运用。大部分初学阿拉伯语的中国学生对与阿拉伯—伊斯兰文化相关的知识了解甚少，甚至会有部分学生在开始学习阿拉伯语时，对阿拉伯国家的风土人文一无所知，这就使得缺乏背景文化支持的学生在中阿跨文化交流中经常会出现理解和沟通上的障碍。

阿拉伯语学习，既要越过阿拉伯语的樊篱，又要建立中阿两种不同文化背景语言间转换的“桥梁”，对于初学者来讲其中的难度可想而知。经过十几年汉语文化圈的浸染，汉语言通过长期社会情景化的感知体验、规制化的训练学习以及本民族的文化行为与模式潜移默化的影响，我们已经将其转化为内在的语言理解力，在具体交流环境中可以不言自明。同时，这种潜意识中对母语文化的理解往往因为不易察觉而被忽视。大部分学生对阿拉伯—伊斯兰文化的背景知之甚少，同时种种原因又使得刚刚开始学习的学生很难认知其文化的内涵。这种跨文化间的理解差异，成为构建连接两种不同语言间“桥梁”的重要障碍。

实际上，不同的民族语言间文化差异造成的交流障碍是可以克服的，这是因为每一种语言不仅有自己独特的个性，同时几乎所有语言也拥有共性，即用来沟通彼此以及保存本民族特有的文化信息。尽管不同民族有不同的生存环境和生活方式，但是整个人类的思维能力与语言能力都是共通的，这种共通的思维能力和语言能力是语言共性和普遍性的基础，因此在阿拉伯语教学过程中构建更加明晰的社会背景和文化情景，让学生建立不同语言间的有效沟通，将能够更好地提升学生的外语学习和运用水平。

第四节　阿拉伯语教学发展现状与特征

阿拉伯语作为一门古老悠久的语言，不仅有独特的发音和书写规律，同时有深厚的阿拉伯文化底蕴。阿拉伯语属于闪含语系的闪米特语族，在中世纪的数百年间，阿拉伯语曾是整个中东和西方文明世界学术文化所使用的语言之一，现在阿拉伯语仍旧是阿拉伯世界各国的通用语言，是联合国六种工作语言之一（刘开古，1987）。

中国的阿拉伯语教学有上百年的历史，从体系上分为官办和民办两支。早期的阿拉伯语教学主要在国内的穆斯林经堂进行。新中国成立后，阿拉伯语教学开始了一个新纪元，早在1943年3月纳忠先生在重庆中央大学开始教授阿拉伯语，1946年马坚先生在北京大学创建了阿拉伯语专业。进入20世纪五六十年代，国家先后批准了对外贸易学院（1954年）、上海外国语学院（1960年）、北京外国语学院（1961年）、北京第二外国语学院（1964年）、北京语言学院（1964年）及解放军洛阳外国语学院等多所高校开设阿拉伯语专业。1978年我国实施改革开放政策后，教育部在北京召开全国外语教育座谈会，强调加快外语教育的发展，推动外语人才的培养。在此背景下，我国的阿拉伯语教学得到了飞速发展。1977年恢复高考后，各高校阿拉伯语专业基本上都是沿用先前的本科五年制。后来为了适应时代的需求，节省教学时间和经济成本，各校才将学制陆续改为四年制。20世纪80年代以后，各高校阿拉伯语专业在不断加强本科和研究生教育的同时，还开展了专科、成人、函授、夜大、培训等多种形式的阿拉伯语人才培养活动。

与此同时，阿拉伯语的学术研究工作同样取得了丰硕的成果，编著出版了大量的教材、专著、论文、译作和辞书，对高校阿拉伯语的教学、组织、评价等工作起到了很好的指导作用（周烈，2010）。同时，相关的调研工作也揭示出现阶段阿拉伯语教学仍旧存在很多问题。例如：课堂上使用的教学方法比较传统，结构主义教学法仍旧是课堂教学的主流；外语教学理论对实际教学策略引导力不强；课堂授课普遍以语法翻译为主，形成了逐句翻译的单一模式，学生练习听说的时间被大量的语法讲解占用，目的语输入量少，忽略了语言学习中听说能力培养的重要性；现代化信息教学策略和工具使用频率均不高等（马文娟，2018）。

第五节　多媒体教学在阿拉伯语教学中的指导作用

信息技术的发展，使得越来越多的创新型教育手段可以融入教学活动中。特别是进入 21 世纪以来，现代教育技术开始更多地融入并改变着人们的学习习惯和学习模式。先进的教育思想、理念、手段和现代科技成果的结合，通过对教学过程、教学资源、教学模式的设计、开发、使用、评价和管理，实现了对教学理论与实践的高阶优化和延伸。现代教育技术多以全媒体视听技术、互联网数据传输技术、动态感应交互技术、大数据分析技术等为主要媒介，并通过多种媒体和学生之间的交互作用达到提升教学效果的目的。

教育信息化是时代要求和发展的必然趋势，如何应用现代教育技术对阿拉伯语教学进行教育信息化建设，特别是通过网络教育创建新的教育环境和人才培养模式，是中国高校阿拉伯语同行探索的重要课题。教育技术环境是实现阿拉伯语现代化教学的基础，同时基于互联网和数字化的阿拉伯语教学资源建设是实施现代化教学和教学资源共享的核心，是推动阿拉伯语教学改革向纵深发展的重要途径。

1. 树立现代教育技术观念，加强对现代教育技术的认识

现代教育技术是以计算机为核心的信息技术在教育、教学领域的有效运用，真正起到整个教育改革的制高点和突破口的作用，但首要的、最迫切的还是教育思想和教育观念的变革，要解放思想，勇于创新，树立新的教育技术观念。在信息技术方面，要成为一名合格的阿拉伯语教师，不仅需要掌握现代化的信息技术，更需用全新的观念和理论去重新审视和指导教学活动的各个环节。

随着现代科技的发展，一大批现代化教育媒体进入教育教学领域，为建立新的教学模式提供了物质基础。如何运用现代化的科技成果，促进阿拉伯语的教育教学改革，提高教学效益，已成为高校教育工作者，特别是阿拉伯语专业的传道、授业、解惑者思考和探索的当务之急。因此，我们更应树立正确的现代教育技术观念，加强对现代教育技术的认识。

教育信息化的推动及与网络信息技术的不断结合，形成了诸多创新

性的教学系统解决方案，多媒体课件、网络教学、电子白板等先进的教学手段被广泛地应用到日常教学之中，教育信息化的发展为传统的教学模式注入了新的活力。教育信息化的最大特点就是更好地分享教育信息，可以说，提供有效的信息交互平台或信息共享方式是教育信息化的突出贡献。我们知道在传统的阿拉伯语教学过程中，教师的信息几乎不能完全被学生所接受，在信息传递的过程中会有不同程度的缺失，如何才能将教学信息更加完整、便利地呈现在学生面前，并且为学生与教师提供一个畅通的互动联通平台来弥补这些缺陷，笔者在多年的阿拉伯语课程教学实践中总结得出，运用多媒体互动的教学模式可以在一定程度上弥补传统教育的缺失并与时俱进地创设一种新型的教学模式。

多媒体教学是现代教育普遍采用的一种先进的教学手段，对于传统教学活动中教师难以表达、学生难以理解的抽象内容、复杂的变化过程等，多媒体可以通过动画模拟、过程演示、交互操作等手段予以解决，这不但能在教学中起到事半功倍的效果，而且有利于提高学生的学习兴趣和分析问题、解决问题的能力，大大提高了教学效率和质量。

笔者目前从事阿拉伯语基础阶段教学资源的辅助设计工作，通过对阿拉伯语教学资源在多媒体环境中进行有机整合，并灵活应用于课堂教学，深刻地体会到多媒体技术在教学过程中发挥着越来越重要的作用，主要体现在以下几个方面。

运用多媒体技术，可以在时间和空间上对教学活动进行拓展，化解传统教学模式受限的难题，同时可以实现提高课堂教学质量的目标，使教师从单纯的讲授者转变成教学的设计者、学生学习的指导者；使学生在教师的引导、帮助下，利用必要的学习资源，主动地获取知识；通过多元化的展示媒体和多样化教学手段的引入，激发学生的学习兴趣，引导学生自主化高阶学习能力的开展。

多媒体教学作为当代教学活动中必不可少的辅助教学手段，已经越来越受到广大一线教师的青睐，它有利于帮助学生构建知识结构，有利于丰富课堂教学内容，有利于提高课堂教学效率，也有利于提高教师的自身素养。目前，教育信息化已成为教育界最热门的话题之一，多媒体、校园网已像校舍、教学仪器一样成为学校的必备设施，它开辟了外语教学方式多样化的广阔空间，以丰富翔实的资料丰富了教学资源，改变了传统教学模式的单一和乏味，使得教师的讲解不再是学生获取知识的唯一途径。

2. 多媒体教学课件在阿语教学中的应用

以阿拉伯语基础教学阶段的字母教学为例，它一直是教学中的重点与难点。对于初学者而言，由于受母语及后天习得的英语、日语、俄语等其他语言的影响，准确地掌握阿拉伯语的发音部位及发音尺度，正确书写字母的不同形态就变得非常棘手。通过观察学习并借鉴一些同行的设想与创意，笔者设计了适合阿拉伯语初学者关于字母读音及书写方法的多媒体教学课件，使学生的学习变得更容易，并激发了学生的学习热情与积极性。

该教学课件包括字母的读音和字母的连写两部分，通过交互式按钮选择不同的学习内容，如图 2－1 所示。

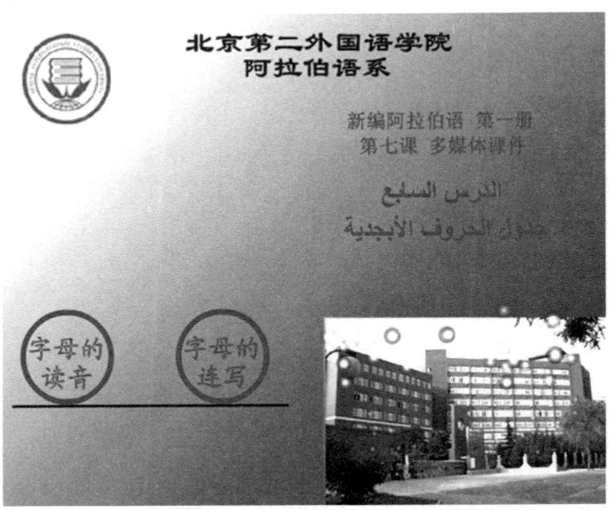

图 2－1　交互式多媒体教学课件界面

教学课件的导航页面主要由两个选择按钮组成，分别是阿拉伯语字母的读音与字母的连写。点击“字母的读音”后，首先呈现在学生面前的是如图 2－2 所示的阿拉伯语字母的发音说明，通过教学课件的展示可以让初学者对即将学习的阿拉伯语发音有个大体的了解。

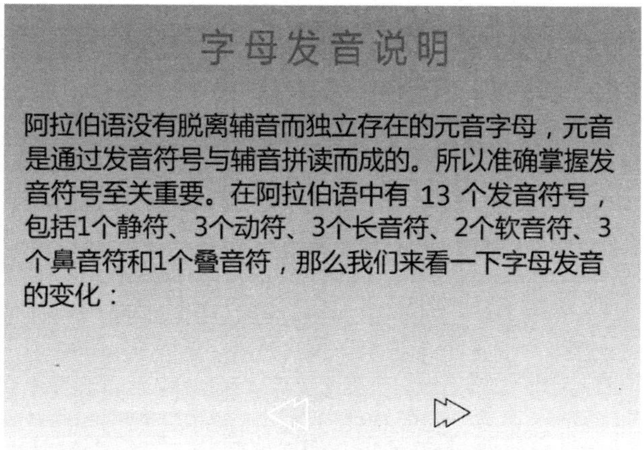

图 2－2 阿拉伯语的字母发音说明界面

关于阿拉伯语字母的发音，笔者又设计了一张字母发音部位表，让初学者了解阿拉伯字母大致的发音部位。28 个阿拉伯语字母一应俱全，并且按照发音部位做了相应的排列，每学到一个新的字母，我们都可以通过“点击想要查询的字母”，来了解具体字母的发音情况介绍及具体的发音，如图 2－3 所示。

以字母 الباء 为例，当我们选择了该字母后，随后呈现的便是该字母配上不同的发音符号后，短音、长音、软音、鼻音的发音状况，当点击该字母的开口短音时，屏幕上会出现开口短音的发音说明，随后便是阿拉伯人的发音示范，以便学生揣摩学习。图 2－4 即是选择了字母 الباء 后的界面。

阿拉伯语的书写，也是初学者面临的一个很大的挑战。首先是阿拉伯语独特的自右向左的书写方式，使已经习惯了自左向右书写的中国人感觉有些无所适从。笔者将阿拉伯语的 28 个字母设计到一个页面上，

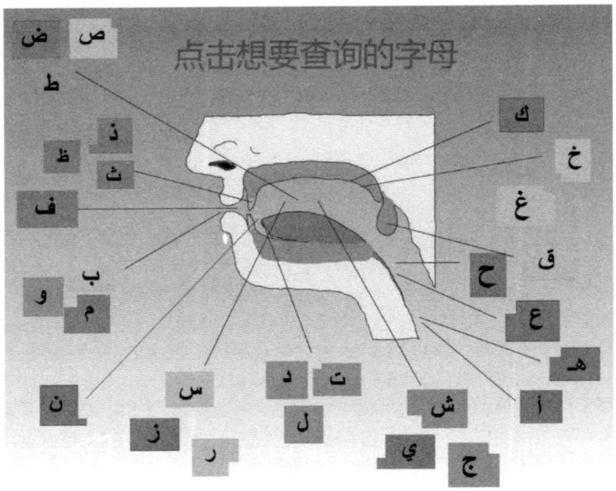

图 2－3　阿拉伯语的字母介绍及发音的说明界面

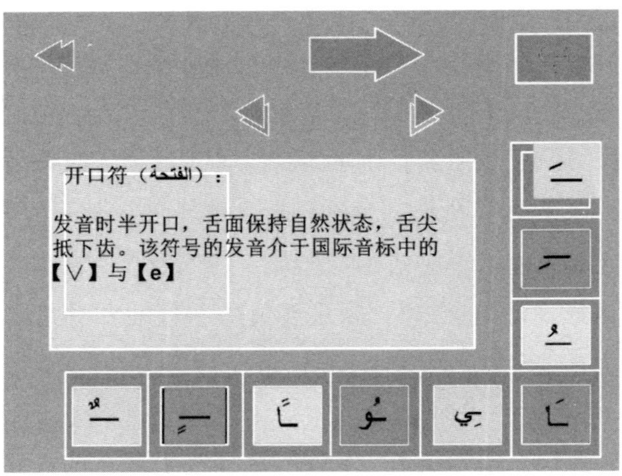

图 2－4　阿拉伯语字母 الباء 的介绍界面

并将写法相似的字母归到一起，让学生既能对比它们的相似之处，便于掌握书写要领，又能引起学生注意，虽然有些字母间只是一个点或者两个点的差别，但是由于上下、里外位置的不同，直接导致它们发音的差异。每学习一个新的字母，我们都可以通过“点击想要查询的字母”，来学习具体字母在单独书写及连写时的不同形式。图 2－5 即是字母连写的选择界面。

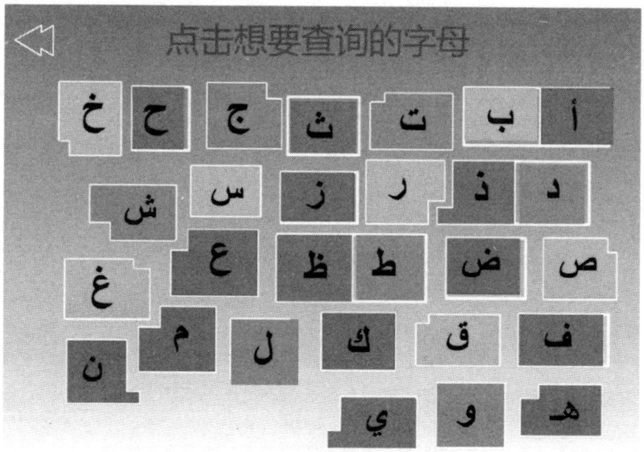

图 2－5　阿拉伯字母的连写选择界面

仍以字母 الباء 为例，选择了该字母后的效果如图 2－6 所示。这时屏幕上会出现一只握紧铅笔的手，生动的示范该字母在字头、字中、字尾的书写情况，书写清晰、简明，很适于初学者直观地了解字母的具体写法。需要说明的是，当我们点击图标当中的三角按钮时，可以回放该字母的整个书写过程。

阿拉伯语基本的 28 个字母，都可以通过多媒体的动态演示，逐点加以阐述，让学生直观地理解这些知识。很多教师在基础阿语教学阶段，每天要对每个字母的发音进行十遍、百遍的重复，几节课下来声音已经有些嘶哑。加之学生数量众多，即便是对每个学生示范一次，工作的强度和难度也可想而知。在设计了这个教学课件之后，教师和学生都从中受益匪浅，当发现个别学生模仿发音的部位或书写出现一些小问题时，也可以有更多的精力去进行指导、修正，与此同时该课件在学生中反响相当好。多媒体教学深深吸引了学生的注意力，使他们在课堂上更易于集中注意力，并积极、主动地学习、发问。

从前面介绍的这个阿语教学课件可以看出，尽管课件的制作并未使用过多复杂的多媒体制作技术，但是仍旧对现有课堂教学和课后学习带

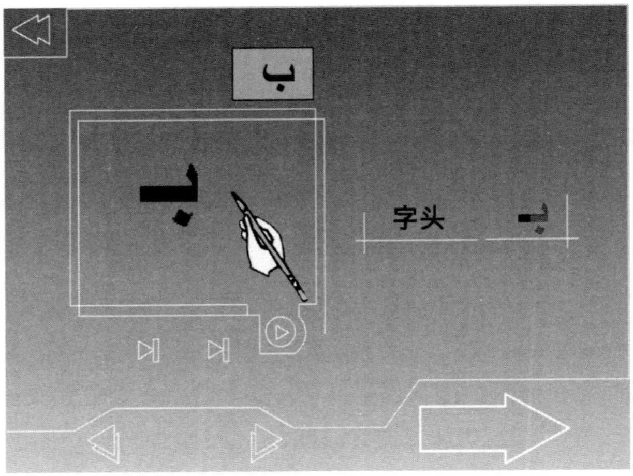

图 2－6　阿拉伯字母 الباء 的连写演示界面

来了极大的改观，从中可以发现多媒体技术在语言教学活动中的两个重要特点。

一是多媒体技术可以创设情境，引发学生的兴趣和发散思维。多媒体集声、文、图、像于一体，知识容量大，它所提供的外部刺激不是单一的刺激，而是多种感官的综合刺激，这对于知识的长久记忆都是重要的。多媒体技术既能看得见，又能听得见。这样通过多种感官的刺激获取的信息量，比单一地听老师讲课强得多，即使只是由图片和声音组成的多媒体学习资源，仍旧可比传统的教学材料容纳更多的信息。信息和知识是密切相关的，获取大量的信息才可以掌握大量的知识。与此同时，多媒体内容充实形象，能将课本、教案、习题等以动画、幻灯片等形式展示出来，对学生更具有吸引力。特别是针对阿拉伯语教学的视听、阅读等棘手问题，多媒体具有语言素材丰富、声像并茂等特点，能使学生在比较真实的阿拉伯语学习情景中，进行量多而质优的听、说、读、写综合训练，使学生在有限的课堂上获得阿拉伯语基础知识的同时，语言基本技能得到训练，阿拉伯语思维能力得到培养，并为用阿拉伯语进行深入交流打下坚实的基础。

二是多媒体技术有助于深入理解学习内容，同时形成自己的语境体系。传统的阿拉伯语教材及其辅助材料都是以线性结构来组织知识结构，以“教”为主，学生对教师依赖性大。课本上的很多知识在现实生活中很难有直接的生活经验可以印证，所以传统的教学手段很难突破。而运用多媒体技术形象生动的优势，可以很容易突破教学重点、难点，变抽象为具体，变无声为有声，以图文并茂、声像俱佳、动静皆宜的表现形式，大大增强学生对事物与过程的感受与理解，调动学生各种感官的共同作用以强化感知。深入理解教材内容，形成自己的见解。

以下面的情景练习内容为例，在学完了新编阿拉伯语第二册第一课的基本对话“旅行سافر”之后，笔者用多媒体课件的形式巧妙地设计了如图 2 –7 所示的练习内容，以幻灯片形式投影在大屏幕上，利用前所未有的试听感觉极大地调动了学生的参与热情，使原本枯燥的练习变得更加生动活泼。学生们在一试身手后，马上进行改卷，错误的知识点一目了然，并且巩固了对知识点的理解。

图 2 –7　阿语教学过程中使用的课堂练习软件界面

3. 多媒体教学在阿拉伯语教学中遇到的挑战

透过现代信息技术给教育带来的繁荣现象，理性地分析其成效，我们不难发现，虽然现有的多媒体教学课件有诸多优点，但是在外语学习，特别是阿拉伯语教学中，我们还没有充分地发挥现代化教学手段在阿拉伯语常规性教学活动中的作用，也没有充分开发信息技术强大的潜能，更没有突破传统面授式教学模式的禁锢。归纳起来，阿拉伯语教学仍旧面临如下几方面的挑战。

（1）现有阿拉伯语教学课件开发及应用能力有限

众所周知，计算机软硬件技术的发展十分迅速，升级换代频繁。与之相比，现代信息技术在教育教学活动中开发的功能和实现的价值就显得迟缓，而阿拉伯语软硬件的开发与更新更是无法与快速发展的最新科技相提并论。虽然现有多媒体教学中的各个环节已初具规模，海量信息、图文并茂、丰富多彩的人机互动方式等受到广大师生的青睐，但令人遗憾的是由于阿拉伯语自右往左的书写顺序特点，在传统的多媒体呈现形式下，有很多计算机的配置不支持阿拉伯语，而支持阿拉伯语的计算机在安装阿拉伯语程序后，也无法与其他专业的师生共享，阿拉伯语专业师生对丰富的教学信息资源和多样化的需求远远得不到满足。另外，虽然我们的教室已经从传统意义上的黑板粉笔时代进入多媒体阶段，但是多媒体教学手段仍旧受教学设备和教学环境的制约，教学资源的利用率并不高，多媒体平台和网络平台的应用两个层面还存在明显的落后。还有就是移动互联网时代的到来，并没有将便利的智能终端设备很好地契合教学需要，反过来移动设备的普及使得很多学生将学习的注意力转移到了智能终端设备上，同时又缺乏有效的学习路径引导，因此使得移动设备给传统课堂教学带来了极大的干扰。

鉴于各种软硬件条件的限制和教学理念的落后，我们并没有做到真正利用计算机及网络去激发学生的求索兴趣、想象空间和创新动力，现代化的教育教学设备远远没能转化为应有的教学支撑力量，因此对于现代化教学模式、教学活动设计、教学技术应用等的研究就迫在眉睫了。

现代信息技术对教育的影响绝非止于此，计算机特别是互联网带来的大信息量及时空结构的变化，带来了教育思想、教育内容、教育方法、教育手段、教育模式、教育过程的深刻变革，使我们得以在新的观察视野和操作环境下预设和创新我们的教育体系。

（2）一线教师现代教学理念有待深化，教学技术亟须进一步提高

多媒体教学首先要求教师了解多媒体课件的制作方法，由于多媒体教学普及是近些年兴起的，有些教师没有经过相对专业的技术培训，他们接受的岗前培训更侧重于教育学、教学心理学、教学方法论等相对理论化的知识的培养，很多教师都是通过自学来设计简单的课件，例如PowerPoint、Flash、Photoshop、Prezi、Premiere等软件的使用，而在具体的教学实施过程中不可避免地会遇到各种各样的问题和阻碍，这都无疑制约着多媒体教学方式在阿拉伯语教学中的普及开展。

有些教师囿于传统习惯与观念的影响，对多媒体教学认识不深，还不能充分利用多媒体将声、文、图、像集于一体，发挥数字媒体知识容量大、内容充实、形象极具吸引力的特点，无法为学生创造一个在听、说、读、写等四方面综合培养的学习空间，更多的仅仅是将课本、教案、习题等复制到网上，除了将这些教学资源获取的自由度增大了以外，基本没有发挥信息技术在教学活动中真正的价值，更没有从根本上跳出传统教学中教师、学生、教材三点一线的格局。

4. 多媒体手段与传统教学模式对比

通过多媒体手段辅助阿拉伯语专业学生在基础阶段的学习，相比传统的教学手段具有如下一些优势。

（1）教师由单纯的讲授者，转变成为学生学习的引导者

在传统的阿拉伯语教学中，教师扮演的是讲解者，以教师为中心，忽视学生主体作用的发挥，使学生消极、被动地接受知识。而现代教育技术进入阿拉伯语教学课堂，极大地调动了学生学习的积极性、主动性和参与热情，取得了事半功倍的课堂效果。

（2）促进学生主体作用的发挥，转变学生在教学过程中的地位

现代教育媒体走进阿拉伯语教学课堂，以其特有的功能和优势，为学生提供了多样化的外部刺激和丰富的学习资源，也为学生提供了更多的参与和交互的机会。信息技术的引入，使得交互式和智能化教学过程得以实现，可以充分发挥学生的主体作用，使学生更加积极主动地选择自己需要的学习路径，从而使学生在学习过程中不仅能够学到专业化的知识，也能够真正地将所学融入自己的知识体系中。

（3）多元化的媒体呈现形式，使教学媒体成为学生高阶认知的助手

多元化的媒体形式不仅体现在学习资源的存储和呈现上，还带给学生传统教学手段无法表现的内容。现代教育技术应用到阿拉伯语教学活动中后，多元化的教学媒体可以直接介入教学活动全过程，以其生动、形象的表现力，帮助学生充分感知教材，深入理解教材，从而成为学生新的认知工具，同时也为教师提供了解学生学习进度的新途径。

（4）改善了学生的认知过程，有利于创新思维的培养和综合素养的提升

现代教育技术进入阿语教学课堂后，把学生感知教材、理解教材、巩固知识和运用知识几个环节融合为一体，以更加形象直观、有声有色的优势，减少了教师与学习者间的隔阂，把原本陌生的知识呈现在学生眼前，把复杂的知识变得简单，把抽象的概念变得具体，促进了学生多种感官直接参与揭示事物本质和内在联系的教学过程，从而在一定程度上改善了学生的认识过程。多媒体教学比起传统的课堂教学，可以更好地激发学生的学习兴趣，有利于学生思维能力的培养及情感、意志等综合素养的整合开发，从而显著地提升教学效果。

（5）有利于转变教材单一的局面，使新型的学习资源不断丰富

现代教育技术进入阿语教学领域后，现代化的教材体系也随之出现。幻灯片、数字录音、电影电视、计算机软件等新型学习资源按照人们的认知规律，将文字、图形、动画、影像和声音等多媒体形式整合为创新型教学资源，特别是智能终端环境的普及，人们的操作行为和认知

习惯也在发生重大的改变，传统的知识获取行为必将更加贴近现代人的知识获取习惯，同时这也将带来传统语言类教育领域内一场深刻的变革。

总之，现代教育教学技术在阿拉伯语教育教学中发挥的重要作用显而易见，但我们必须承认，现有的阿拉伯语课堂教学中现代教育技术的应用还处在初级阶段，特别是近些年移动互联网和人工智能技术的成熟和普及，还未能很好地契合语言教学的需要，创新型教育技术与语言教学的结合仍旧任重而道远。这既需要精通语言的教师与掌握关键技术的教师进行深度合作，探索出发展创新型教学理念的新思路，同时也需要把握时代发展的脉络，特别是时刻关注现代教育技术的前沿动态和发展趋势，在多领域专业人士的共同努力下，结合阿拉伯语教学工作的实际情况，加强阿拉伯语教学过程中现代教育技术的建设，使阿拉伯语教学呈现生机勃勃的新局面。

接下来，我们将具体回顾创新性教育技术的发展历程和计算机辅助语言教学的关键技术，特别是情景感知技术与阿拉伯语教学的结合理念和实现框架，通过创新性教育技术实现传统阿拉伯语教学活动质的提升。

第三章
创新型教育技术在教学中的应用

教育技术对传统教学活动的影响，特别是近些年不断出现的各种创新型教育理念在教育教学活动中的应用，对整个教育体系的改变有目共睹。这里我们先简单梳理教育技术的发展历程，再总结创新型教育技术带来教学模式的变革和其中涉及的关键技术，最后介绍几个具有代表性的创新型教育技术在语言教学中的应用案例，以对本书后面的研究起到先导作用。

第一节　教育技术概念的界定

对于教育技术这一概念的定义，长期以来国内学术界多引用权威的美国教育通信技术协会（Association for Education Communications and Technology，AECT）对教育技术的定义。如被引入国内并被普遍接受的AECT1994（1994 年发表），这一版本中定义的教育技术是：为了促进学习，对有关的过程和资源进行设计、开发、利用、管理和评价的理论与实践。到了 AECT2005（2005 年发表），教育技术的定义变为：通过创造、使用和管理合适的技术性过程和资源，以促进学习和提高绩效的研究与符合伦理道德的实践（汪基德，2007）。尽管美国教育通信技术协会对教育技术的界定得到了同行的认可，但同时学界也存在诸多看法和争论。

例如：钟柏昌在《教育技术定义：争论与解读》一文中将对教育技术的定义分为约定性定义（Stipulative definition）、描述性定义（Descriptive definition）和计划性定义（Programmatic definition）等三种不同的类型（钟柏昌，2012）。杨开城对教育技术是偏重于“教育”还是偏重于“技术”也提出了不同的观点，他认为将教育技术看作教育系统的构造技术，并把它看作教育技术学的研究对象，教育技术学才是一种学科，由于它所创生的技术知识是教育其他相关学科无法创生的，它的独立性是显而易见的（杨开城，2010）。从前面的介绍可以看出，学界对教育技术这一概念的界定实际上也是随着时代的发展而不断演变的。在本研究中，我们并不对教育技术概念的界定做具体论述和比较，也不去深入探讨教育技术的内涵和本质，而是从实用主义角度出发，选择一种能够被读者接受且与本书介绍内容相一致的说法。

教育技术既属于学术研究领域，也是一门独立的学科，它强调的是技术（尤其是信息技术）在教育活动中的实践以及绩效的评估，它的研究主体是技术，以及人与技术之间的关系。教育技术研究的核心内容是创新型信息技术在教学模式、教学设计和课程开发中的应用，最终目的是通过教学理念的提升实现教学活动的最优化和学习服务的优质体验。

教育技术由“教育”和“技术”两个词组成，而与传统教育学最大的区别就是技术的融入，即教育技术研究的内容是以知识教育或文化传播等活动为基础，同时以技术的应用作为支撑手段来提高教学设计、管理、开发、实施、评价等活动，以提高教学绩效为目标的过程，这里的技术特指信息技术的应用或以数字化为基础实现的教学理念的革新。本研究也是基于此而开展，即将信息技术作为语言教学的重要支撑，同时对教学实施的效果开展科学的评价，并最终提出有价值的创新型语言教学活动开展框架。

第二节　教育技术发展历程

教育技术学中的技术主要是指以计算机为代表的信息技术和数字媒体技术及其在教学活动中的应用，因此教育技术的发展历史与信息产业的发展历史基本一致，下面就简要介绍一下这其中的几个主要阶段。

1. 电化教育时代（20世纪初到20世纪80年代）

电化教育是20世纪30年代在我国出现的。早在1935年，江苏镇江民众教育馆将该馆的大会堂定名为“电化教学讲映场”，这是我国最早使用电化教学的场景。1936年，国内教育界人士在讨论如何为当时推行的电影、播音教育定名时，明确提出了“电化教育”这个词。同年，南京教育部委托金陵大学（1952年院系调整并入南京大学）举办“电化教育人员训练班”，第一次正式使用了这个名词。自此以后“电化教育”便逐渐被应用开来。从概念上讲，电化教育是指在教育教学活动中，运用各种辅助性机械或电子技术，如投影仪、幻灯机、录音录像机、广播、电影、电视、计算机等，来拓展教育信息传播的形式和途径，并对这一过程进行设计、研究和管理的一种教育模式。电化教育是促进学校教育教学改革、提高教学质量、改善学习体验的有效途径和方法，是实现教育现代化的重要方式。

电化教育早期的代表是视听教学运动，20世纪20年代的整个社会正处于不断变化之中，电学技术得到空前发展和普及，相继出现了照相机、幻灯机、留声机、无声电影等设备。随着广播和有声电影的发明，视觉教学运动逐渐演化成视听教学运动。视听教学运动的本质就是在教学中提倡运用能够提供直接经验或替代经验的视听媒体，以提高教学的效果。20世纪40年代，“传播学”开始产生影响并形成了自身独特的概念框架，受其影响，视听教学也开始被视听传播取代，研究者关注的重心也开始从只关注教学情境当中的“物”转到关注信息传递的完整过程上来（刘美凤，2004）。

广播、电视和电影曾是电化教育中使用最为频繁的教学媒介，以广播为例，无线电免费使得这种形式很快地传播开来，20 世纪 30 年代出现的教育电台很快就在全球的大学和 K－12 教育中普及开来。到了 1947 年，仅美国就有 4 亿台收音机，直到今天，收音机仍是语音资讯的亘要媒介。但同时，广播技术缺乏体验式学习的支持和互动式的交流活动，也很难控制每位学习者的学习过程（J. Michael Spector 等，2016）。电视与广播的传播形式类似，但电视能够提供更加丰富的视觉媒体呈现。早在 1933 年美国爱荷华大学便成为美国首所提供广播电视教育节目的大学，在当时也有利用电视技术实施其他早期教育的尝试，然而直到 20 世纪 50 年代，电视这一载体才进入了快速普及时期。早期的电视教育应用包括大学和公共电视台提供的电视广播，相比无线电广播，电视教育在小学教育中取得了更大的影响力。其中一个原因是初等教育阶段的学习任务相对简单，且更加适合通过视听形式来表现教学内容，直到现在电视教育仍旧在婴幼儿教育中发挥着重要的作用。本质上，无线电广播和电视技术都是基于一对多的广播技术，具有类似的信息传播形式，且都有利于信息的广泛传播，但是对个性化学习的支持都有所不足。电影教育与电视教育都是视听媒体的结合，但是电影与电视又是有所区别的，其中最为重要的一点是电影不再是一种广播媒介，而是拥有了更多的播放选择权，例如教学电影可以任意暂停、倒退和重放，也可以由教育工作者编辑剪辑，以适应教学需求的变化，因此，电影教学在定制化教学和简单的教学交互方面较广播媒体有了一定的提升。除了早期视听媒体在教学活动中的使用，教学活动中广泛使用幻灯片和投影机也属于电化教育的常见形式，更加丰富的图形化媒体形式所表达的信息远远超过了文本，同时也给教育变革带来了新的挑战。

这一时期，计算机技术也得到了长足的发展，并开始了与教育领域相结合的尝试，我们通常把将计算机技术与教育教学活动相结合的这种形式称为计算机辅助教学（Computer Aided Instruction，CAI）。计算机辅助教学包括组织或协助各种教学活动，辅助安排教学进程，进行实践教学训练，完成学习效果评测等，计算机与教学活动的早期结合形式往往都比较单一，目的性也非常明确。最早的计算机辅助教学活动可以追溯到20世纪50年代，美国IBM公司于1958年研制出第一套计算机学习系统，该系统包括一台IBM650计算机，并连接一台电传打字机，用于二进制的教学活动，同时也能根据学生要求设计练习题。1960年伊利诺伊大学设计了PLATO（全称是Programmed Logic for Automatic Teaching Operations），PLATO是计算机辅助教学领域的一个重要产品，这也是世界公认的第一套计算机辅助教学系统，它带有与大型计算机连接的触摸感应屏幕，使用的教学模式是对计算机提出的问题进行回答，学生点击触摸屏幕的适当位置或按下相应的键盘按键完成回答。图3-1显示的就是早期PLATO辅助教学系统的教学软件界面和硬件设备外观，需要注意的是这一时期显示屏只能显示单一颜色，也没有鼠标这类操作设备。

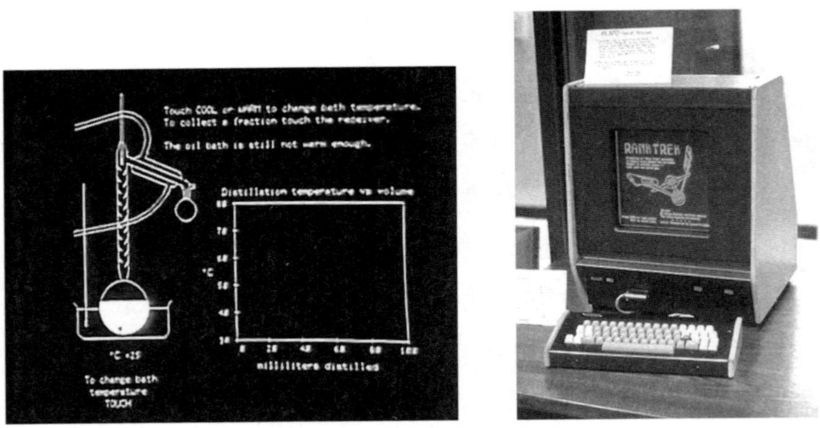

图3-1 PLATO辅助教学系统的教学软件界面和硬件设备外观

资料来源：https://en.wikipedia.org/wiki/Plato_computer。

早期计算机的发展速度并不快，这也导致了PLATO系统实际上拥有很长的使用寿命。1969年瑞克·布罗米（Rick Blomme）在PLATO

平台上开发了第一款网络游戏"太空大战"（SpaceWar）。PLATO 还是第一套分时共享系统平台，它运行于一台大型主机而非微型计算机上，具有远高于微型计算机的处理能力和存储能力，这使得它所能支持的同时在线人数大大增加，1972 年 PLATO 的同时在线人数可以达到 1000 多名。2004 年 PLATO 的后续版本 Cyber1 仍旧在线运行，其中包含了几十年来累积的 16000 门课程和在线交流社区。2012 年，PLATO 学习系统更名为 Edmentum，直到今天我们仍旧可以通过网址"http://www.edmentum.com"或"https://ple.platoweb.com"访问 PLATO 的学习网站，教育技术领域早期的很多研究观点都是源自 PLATO 系统或者是受到其启发。

2. 多媒体教学时代（20 世纪 80 年代到 21 世纪初）

进入 20 世纪 80 年代，计算机行业发展的一项标志性技术开始出现，那就是基于超大规模集成电路（Very Large Scale Integration，VLAI）和图形用户界面（Graphical User Interface，GUI）操作系统的微型计算机开始普及。1979 年，美国苹果电脑公司推出了一款重要的电脑产品——Apple Ⅱ，Apple Ⅱ电脑拥有众多先进的技术和设备，例如 Apple II 可以使用软盘，拥有可扩展内存和 8 个扩展插槽，支持使用两个游戏手柄和演示盒，甚至可以显示彩色图形。同一时期，美国微软公司（Microsoft）配合 IBM 个人电脑推出了早期的磁盘操作系统（Disk Operating System，DOS）。这一时期，计算机仍旧以命令提示符界面为主，人机交互与早期大型机的使用类似。但是很快，苹果公司的 CEO 史蒂夫·乔布斯受到施乐帕罗奥多研究中心（Xerox Palo Alto Research Center，PARC）设计的 Xerox Alto 图形界面启发，开发了自己的第一款图形界面系统 Lisa OS（也就是著名的 Macintosh OSX 系统前身），同一时期受到图形用户界面启发的还有微软公司 CEO 比尔·盖茨，他推出了另一款著名的图形界面操作系统 Microsoft Windows 系列。

图形用户界面系统的诞生，不仅提供了崭新的图形显示和系统操作方式，在降低计算机操作难度的同时，大大加快了微型计算机进入家庭的步伐，而且正是图形用户界面的出现，标志着计算机进入了多媒体时代。所谓的计算机多媒体时代，指的是在计算机环境中可以同时处理多种媒体的呈现形式，包括文本、图形、图像、声音、视频、超链接等。多媒体时代的到来，标志着计算机对信息资源的展现进入新的阶段。计算机之前的其他媒体形式，往往只能提供有限种类的信息表达方式，例如：图书只能以文字和图片为载体，广播只能以声音为载体，电视、电影主要以视频为载体，而且最重要的是这些媒体形式都缺乏有效的与用户交互的手段。而多媒体时代的计算机不仅可以通过搭配不同的媒体形式来展现信息，而且可以通过鼠标、键盘、麦克风、触摸屏等输入设备实现人机交互操作，多媒体电脑的普及也给教育技术领域的发展带来了新的契机，多媒体教学这一概念应运而生。

多媒体教学是指在教学过程中，根据教学目标和教学对象的特点，通过教学设计，合理选择和运用现代教学媒体，并与传统教学方式有机结合共同参与教学的全过程，以数字化的多种媒体信息作用于教学活动，形成合理的教学过程结构，达到提升教学体验和教学效果的目的。多媒体教学活动离不开计算机技术的支持，一套完整的多媒体教学系统由计算机硬件、软件环境和教学资源几部分组成。其中计算机硬件包括带有音视频输出功能的多媒体计算机，在教学活动中根据需要还会有投影仪作为图像输出设备，音箱作为声音或语音输出设备，交互式电子白板作为互动式输入设备。软件环境通常需要有图形用户界面操作系统作为软件平台基础，另外还要安装用于播放或编辑多媒体资源的各类软件，如：用于显示幻灯片的 PowerPoint，用于编辑图像的 Photoshop，用于制作矢量动画的 Flash，用于多媒体影音播放的 Media Player 等。多媒体教学资源是开展教学活动的核心要素，这部分内容往往由教学工作者完成，并根据教学进度不断调整其中的内容，多媒体教学资源在设计时不仅要体现图文并茂的特点，同时要注意针对性、交互性和可重复性的设计，后面我们还会详细介绍多媒体教学资源制作过程中的要点。

多媒体教学展现形式丰富、交互性强、使用灵活的特点，使得多媒体教学一度成为各阶段教学研究的重点，以至于绝大部分教师都能掌握一种以上多媒体教学资源制作的软件。这一时期多媒体教学在学习活动中的广泛使用，也的确在很大程度上提高了学习者的学习体验和学习效果，极大地促进了教育事业的发展，直到现在多媒体教学仍旧是教学活动中的重要形式。

3. 网络化教学时代（21 世纪初至今）

多媒体技术给课堂教学带来了新的改变，丰富了教学活动的内容，但是没有从根本上改变传统面授式的教学形式。这一局面随着 21 世纪的到来得以改变，这就是互联网应用在教育活动中的普及，以及网络和新媒体教育时代的到来。

世界上第一台电子计算机 ENIAC 问世后，由于当时电子计算机的造价极为昂贵，并且需要专门的场地和人员维护，导致计算机在数量稀少的同时，使用成本也极高，因此大量对计算机有研究兴趣的科研人员难以接触到相关设备。在这种局面下，研究人员开发出分时系统和远程终端这种形式，让众多只有输入设备和显示屏而没有处理器和存储器的终端机同时访问远程主机（实际上是各个终端机在自己的时间片段内轮流访问远程主机），这也成了计算机网络设计思想的早期雏形。1969 年 12 月，互联网的前身——美国阿帕网（Advanced Research Projects Agency Network，ARPANet）投入运行，阿帕网通过交换处理机和终端交换处理机在真正意义上实现了将不同的远程主机进行连接。20 世纪 80 年代末，以阿帕网为基础，TCP/IP 技术和 WWW 超文本链接协议投入使用，现代意义上的互联网真正诞生并开始快速普及到家庭用户中。

早期的互联网环境还只是对教育资源传播途径的改变，真正导致互联网对教育领域产生重大影响的事情，还是 21 世纪初 Web2.0 理念的出现。Web2.0 是相对于注重信息单向传播的 Web1.0 而言的，Web2.0 的本质是指利用互联网平台，由用户主动选择可以获取或产生的内容，即由Web1.0时代人们单向地访问网站浏览自己需要的信息，转向Web2.0时代人们在访问网站信息的同时，也可以自主生成新的内容。举个简单的例子，早期的门户网站就是Web1.0的典型示范，人们可以在其中浏览各类新闻，过程与收听广播和观看电视节目类似，而Web2.0网站需要用户登录网站，用户不仅可以浏览其中的新闻和各类信息资源，也可以发表留言评论，甚至可以开设属于自己的博客，发布完全由自己创作的内容。Web2.0的典型应用包括博客（Blog）、微博（MicroBlog）、维基百科（WIKI）、内容聚合（RSS）、社交网络（Social Network Service，SNS）、点对点应用（P2P）、短视频（Short Videos）等，这些应用在我们的日常生活中已经非常普遍，其对我们使用网络的行为以及对教育领域的影响则非常深远。Web2.0时代，每一位互联网用户可以根据自己的喜好订制或生产内容，同时团队间的协作发挥了更加重要的作用，互联网用户不再是一个个零散的个体，而是围绕在不同主题、话语和社交用户周围形成的虚拟社群。

互联网应用与教学活动深度结合后，基于互联网思维的网络教学平台很快就出现并成为现代教学活动的重要手段。网络教学平台在原来教学系统的基础上，提供了对教学过程的全面支持，包括课程管理、用户管理、教学资源的制作与发布、教学进度的组织、教学交互和学习支持，以及更加丰富的绩效考评和教学活动监控等。网络教学平台的搭建主要有两种形式，一种是在学校内部搭建并使用，教学资源的存储、管理和应用都在学校内部的服务器中完成，常见的局域网教学平台如BlackBoard、Moodle、Sakai等；另一种是依赖互联网中的各种教学应用，将教学活动迁移到公共网络环境中，充分利用互联网灵活、全面、公开的特点，常见的如采用新浪博客、优酷视频等进行的在线教学活动。无论采用哪种形式，网络教育可以更好地帮助学习者通过学习过程而形成正确的意义构建，并在网络学习环境中开展互动交流和协作学习。

要更好地利用网络教学平台开展网络教育活动，仅仅有一个可以存储学习资源并进行访问的网络平台是远远不够的，网络教学不仅仅是将教学资源发布在网上，更是要注重学生与教师之间、学生与学生之间的充分沟通与交流，由于网络教学中的教师与学生在空间和时间上是分离的，这种沟通与交流就显得尤为重要。传统教学活动中那些可以保证教学质量的关键环节，如作业、考试、笔记、查阅参考书等，也应该在网络教学平台中得到支持（余胜泉等，2001）。

网络教学平台经过多年的发展，早期侧重于学习对象和学习内容的管理，强调以学习资源来支持学习者的自主学习，这一时期多以内容管理系统（ContentManagement Systems，CMS）的形式存在；接下来为了满足简化学习管理流程的需要，出现了整合教务教学、行政事务管理的学习管理系统（Learning Management Systems，LMS）；后期随着学习者对网络教学平台依赖度的不断提高，不断有更多学习需求整合到网络教学平台中，教师可以在网络教学平台中完成课件的设计、制作、发布、管理等一系列操作，且与学生间的互动交流和相关的教学教务工作也整合在网络教学平台中，网络教学平台最终发展为更为全面的学习内容管理系统（Learning Content Management Systems，LCMS）（谢晓林等，2007）。

实际上，学习内容管理系统并不是网络教学平台发展的最终形式，随着学习理念的不断更新和计算机网络技术的进一步发展，特别是移动互联网时代的到来，网络教学环境也在不断进化。例如网络教学平台将更加强调学习内容的标准化（如 SCORM 学习标准的制定）、强调学习过程的开放性（如 MOOCS 课程的出现）、强调学习者的个性化和智能化（如越来越多的智慧学习平台）、强调生成性课程的分布式知识建构（如学习元知识构建理念的出现）等。总之，随着网络教学平台自身的不断进化，泛在化学习、协作式学习和智慧化学习的深入开展，将让网络教学平台在教学活动中扮演更加重要的角色，也将为未来学习方式的转变提供更加行之有效的基础平台支持。

第三节　教育技术的发展前景

随着年轻一代对互联网依赖度的不断加深，特别是无处不在的移动互联网应用的普及，互联网及其衍生技术在不断推动整个社会全球化发展的同时，也保留了人们足够多的生活轨迹和学习信息，并在很大程度上改变了人们获取知识和进行阅读思考的习惯。在互联网大环境中成长起来的年轻一代已经被称为“数字原住民”（Digital Native），这一概念的出现意味着他们一出生就已经融入了一个无所不在的网络世界，对他们而言网络已经成为他们生活中不可或缺的一部分，数字化生存是他们从小就已经适应的生存方式，虚拟的网络世界与真实的物理世界间已不再有明确的界线或鸿沟。

教育技术在现代教育体系中的重要性已经越发明显，特别是利用信息技术进行跨学科整合的STEM教育，正在得到越来越多教育机构的重视。STEM教育是科学（Science）、技术（Technology）、工程（Engineering）和数学（Mathematics）四门学科的简称①，STEM教育强调的是跨学科的交叉融合，将多个领域的知识融会贯通，培养学生形成更加完善的创新精神和实践能力（余胜泉、胡翔，2015）。STEM教育强调跨学科、娱乐性、体验性、协作性、艺术性、情景化等特点，课程整合教学模式也更加强调综合化的教育技术应用能力，基于活动的学习、探究式学习、情景化学习等都是STEM教学模式的重要研究方向（李小涛等，2016）。

① STEM和STEAM：早期的STEM教育包含四个学科，分别是科学、技术、工程和数学，21世纪初，在原有四个学科基础上增加了艺术（Arts）类课程到STEM体系中，最终形成了多学科相互融合，课程体系完善的STEAM教育理念。还有一种说法，A指的是人文艺术（Liberal Arts），包含了人文学科（Humanities）与社会科学（Social sciences），而不仅仅是Arts，这样就使得STEAM课程涵盖的范围进一步加大了。无论怎样，STEAM对于艺术创意、造型设计等的青睐，使得这一概念受到了“创客”类教育理念的推崇，但本质上与STEM没有差异，故后文仍旧使用STEM的概念。

智慧教育是教育技术发展的另一未来趋势，也是教育信息化的发展目标和高端形态。近十年来，全球很多国家已经开展了一系列关于智慧教育的研究和实践，例如 2006 年 6 月，新加坡公布了为期 10 年的“智慧国家 2015”（Intelligent Nation 2015）计划，该计划的主要目标就是利用无处不在的信息通信技术将新加坡打造成一个智慧的国家、全球化的城市。2011 年 10 月，韩国教育科学技术部发布了《通往人才大国之路：推进智能教育战略施行计划》，将智慧教育作为国家信息化的战略重点优先实施。2012 年，由计算机科学、教育学、环境学、教育技术学等领域的国际专家发起的“国际智慧学习环境协会”（International Association of Smart Learning Environments，IASLE）成立，首次国际智慧学习环境大会于 2014 年 7 月在香港教育学院召开。2016 年 1 月，由北京师范大学与美国新媒体联盟（The New Media Consortium）联合主办的“首届中美智慧教育大会”在北京师范大学举行，到 2018 年 3 月，该会议已经举办第三届，会议将人工智能 2.0 与教育信息化 2.0 作为主要的研讨议题（唐红丽等，2018）。从近些年智慧教育概念和研究热点的转变也可以看出，人工智能正在成为未来数年内教育技术领域最为热门和核心的研究内容。

在信息技术领域，智慧一词从语境和理解两个维度，经历了从数据（data）到信息（information），再到知识（knowledge）和智慧（wisdom）的过程。过去人们更多关注“数据”和“信息”，强调对经验的理解；未来人们将更多关注“知识”和“智慧”，重视对新奇事物的探究（黄荣怀，2014）。在理解智慧的基础上，智慧教育可以定义为一种由学校、地区或国家提供的基于深度学习体验、个性化内容匹配和高效率教学行为的教育环境，它能利用现代科学技术为学生、教师、家长和相关教育从业人员提供一系列差异化的数据支持和学习服务，能全面采集并利用参与者群体的状态数据和教育教学过程数据来促进学习公平、持续改进学习绩效并提供深度思维的土壤。一套完整的智慧教育环境包括完善的教育制度、灵活的教师机制、掌握基本数字素养的学习者、提供大数据支持的智慧学习环境和智能化的教学模式五大组成部分。泛媒体性、自适应性、可定制性、可感知性、公平公开性等将成为面向未来智慧教育的主要特征。

现阶段，智慧教育的相关概念和技术仍处在不断地发展和改进过程中，从已有的研究文献大致可以看出，智慧校园、智慧环境、智慧教室、智慧学习将是未来研究的重要方向，云计算、物联网、大数据、学习分析、增强现实等将成为主要研究的实施技术。随着移动互联网时代成为常态，我们对智慧学习的需求还会不断增长，同时相应的智慧教育理论还需要进一步完善，未来的校园将融合智慧学习生态和智慧教学模式，最终形成集合智慧学习环境、智慧课程、智慧学习模式、校园智慧管理、智慧评估评价、个性化智慧服务等于一体的完整的智慧学习系统，并形成完整的智慧教育体系。

总之，随着网络教学环境的不断发展和学习者学习理念的不断更新，泛在化学习、协作式学习、碎片化学习、探究式学习等得到越来越多人的认可，面向未来的情景感知学习、人工智能引导学习等技术也将得到更加深入的研究。这将让智慧化、网络化、自适应的教学环境得以在教学活动中扮演更加重要的角色，也将为未来学习方式的转变提供稳固的智力支持。

第四节　语言教学中教学模式与关键技术的应用

计算机辅助教学最早可以追溯到20世纪50年代。美国IBM公司在1958年设计实现的二进制算术教学环境，不仅可以应用于教学任务，还可以根据学生的学习情况和学习进度主动生成练习题。20世纪80年代，随着Apple Ⅱ和IBM PC这类个人微型计算机的普及和发展，出现了计算机专业研究人员和语言教师合作开展的辅助语言教学项目的研究，为了了解最新研究成果和推动该领域发展，研究者发起相关研讨会并成立如 CALICO、EUROCALL 等学术组织（李征娅，2015）。

国内外学者对计算机辅助语言学习（Computer-Assisted Language learning，CALL）的研究也经历了多个阶段，包括对技术与教学模式的讨论、教学软件和教学活动的设计、教学效果的评估分析等等。早期的 CALL 开发工作，通常基于视频（Video）和音频（Audio）资源进行学习内容的整合，或者基于程序设计语言开发单机版的语言教学软件（那时还会通过建立专业语言实验室的形式来进行语言教学），再后来随着网络传输技术的普及出现了基于网络和文件传输服务的语言学习支持系统等（Garrett 等，2010）。而后随着硬件基础设施环境的不断改进，CALL 环境也在不断地得以发展，语言教学中也不断有新的需求提出。例如语言教学开始更加强调跨语言、跨文化能力的培养，学生不仅仅是简单地学习一门语言，而是要将语言与文化、历史、工程、社会、经济等诸多学科内容融合起来，这就对语言教学的框架和课程内容的扩展性提出了更高的要求（Garrett，2009）。进入 21 世纪，互联网、移动平台、云计算等技术的成熟与普及，更是给计算机辅助语言学习领域带来新的改变和挑战。例如：利用 Podcast 和博客技术对学生推送听力学习内容（Masudul 等，2013），利用 Wiki 实现学习者多元写作能力和协作思维能力的培养（Kasemvilas 等，2009），利用交互式的音视频教学资源来增强阿拉伯学生的英语阅读能力（Al-Awidi 等，2014），利用云存储的 Evernote 促进学生词汇学习（钱玉彬，2016）等。

通过对既有的文献分析，我们发现计算机辅助语言学习的研究文献具有研究范围广、研究对象多元化、研究内容更新快等特点。而对近十年来公开发表的部分计算机辅助语言学习文献进行分析，可以看出理论探索方面的研究呈现逐年下降的趋势，而平台应用、教学模式、学习评价等方面的研究正在成为新的热点，尤其是近些年关于移动学习技术的研究已经成为 CALL 研究的主流，相关领域的研究人员也从单一的英语专业人员向教育技术等综合性的研究人员转变（徐贺兵、赵鹤，2016）。

例如基于任务驱动教学法（Task-based Teaching Methodology）在语言教学中的运用，通过分析学习对象的层次和需求，建立相应的学习大纲和评估方式，使教师在教学活动中更多地成了学习过程的设计者和引导者（苏静，2016）。翻转课堂[①]（Flipped Classroom）是近年来得到众多研究者认可的一种教学模式，这种教学模式充分利用计算机网络和流媒体技术，使学生在课前利用教师提供的学习资源进行自主学习，回到课堂上参与和其他同学及教师的互动，以展开释疑、巩固、实践探究的积极学习（娄伟红、陈明瑶，2017）。翻转课堂又进一步衍生了基于慕课[②]（Massive Open Online Course，MOOC）、微课[③]（Micro-Lecture）、SPOC[④]（Small Private Online Course）等形式的教学模式，相关研究较多地关注了教学模式设计和教学实践等方面，相较于传统的网络教学平台，在针对学习者的个性化、移动性和可评价性等方面都有较大的进步，但是在不同教学模式下对学习者学习动机影响及相应的改进策略研究还比较有限（雷霏，2018）。

① 翻转课堂起源应归功于美国一所高中的两位化学教师——乔纳森·伯尔曼（Jon Bergmann）和亚伦·萨姆斯（Aaron Sams）。2007 年前后，他们在教学中遇到了一个问题：有些学生由于生病而无法按时上课，也有一些学生因为学校离家太远而在路上花费过多时间。为了解决这些学生因缺课而跟不上教学进度的问题，他们使用录屏软件录制 PPT 幻灯片和实时讲解音频，然后通过网络供学生下载和播放。最终模式后来为越来越多学生所接受，实现了教学模式的“翻转”，最终形成了这种新型的翻转课堂教学模式（何克抗，2014）。

② 慕课，中文大规模开放在线课程，是翻转课堂进一步发展的产物。慕课同样是将教学内容提前录制好并发布在网络上，但是慕课的规模更大、在线教学形式更加多样，“可汗学院”的兴起是慕课发展过程中的一个标志性事件。互动反馈以及建立大规模在线学习社群成为慕课最为重要的两大特征（何克抗，2014）。

③ 微课，简而言之就是将学习内容录制成为大概 1～3 分钟（时间不建议太长）的视频形式并发布，因此微课更像一种教学资源的组织形式。微课通常也作为网络教学、开放式教学等学习形式的基本组成部分，在“碎片化学习”时代，微课是一种非常适合的形式。课程布局易于访问、可再生性、内化连接线等都是微课的重要特征（梁乐明等，2013）。

④ SPOC 中文名称为小规模限制性在线课程，与基于开放性和大规模的慕课所不同，SPOC 针对有限范围的学习群体（一般是校园内的学生），并通过设置一定的准入条件和评分标准来更好地控制学习进度，因此，在一定程度上 SPOC 是慕课的补充，有学者建议先以 SPOC 进行教学资源的整理，并最终实现慕课课程的发布（康叶钦，2014）。

随着对文献分析的深入，我们发现国内对于 CALL 的研究在不断加深的同时，也存在一些不足。首先，国内关于二语习得与 CALL 关系的研究基本上以英语语言学习为主，对于小语种语言学习的研究较少，而且已有成果的研究深度不足，尽管有较多的理论研究基础，但是在小语种教学模式的实践应用研究领域还比较初级，缺乏更多拥有创新视角的研究工作；其次，理论探讨、框架研究较多，基于量化数据的实证分析研究较少，特别是缺乏小语种学习者对创新型教学模式的态度和教学效果研究（詹宏伟等，2012）；最后，研究中涉及的技术前沿性、探索性不足，不能充分展现创新型信息技术在语言学习中的引领作用。尽管有学者提出现在已经进入整合性 CALL 阶段，强调语言学习的社会构建过程，语言学习者需要与周边情景进行不断的交互，但是对于学习者的个体化差异、学习行为交互、学习态度与体验分析等的研究还需要进一步深化（郑春萍，2015）。

与此同时，近些年来人工智能、物联网、情景感知、移动互联网等关键技术，正在创新型学习环境中扮演越来越重要的角色，这些创新型技术将带来教学模式的进一步飞跃。美国新媒体联盟每年一度发布的《地平线报告》，被认为是全世界探索新技术发展趋势与教育应用相结合的权威报告，其中的“高等教育版”更是旨在考察新兴技术对高等教育产生的潜在影响。2015 ~ 2017 年《地平线报告》中连续三年提到学习空间的重构和重新设计，有可能成为影响高等教育变革的关键趋势之一，而人工智能和物联网感应技术在其中将扮演非常重要的角色（塔卫刚、张际平，2018）。特别是人工智能技术实现的学习资源主动进化、学习者画像分析、个性化学习干预、学习风险预警研究等都将成为未来学习模式改变的重要推手。基于物联网技术的情景感知教学模式的研究，则强调与周围学习环境的智能化交互反馈和个性化学习路径的开展，以及虚拟现实环境的融入，带来了一种崭新的教学模式（杨桂松等，2016）。特别是移动可穿戴技术的逐渐成熟，一种可扩展的学习情境技术正呈现在学习者面前，同时更是可以在学习者与周围的学习环境间建立无缝衔接和互动反馈，教师或教学平台则可以利用更加丰富的学习数据信息了解学习者的学习状态并进行实时学习效果评估，实现更加贴近学习者学习习惯和学习体验的沉浸式学习环境（蔡武，2016）。

第五节　典型的教育技术在语言教学中的应用案例

教育技术在语言教学中的应用由来已久。早在1988年，王恒宝就在《外语电化教学》上发表了题为《外语语言教学与现代教育技术》的文章，并提出了关于教学效果的公式（3.1）：

$$教学效果=\frac{信息内容+传递媒体}{接受对象} \tag{3.1}$$

这一公式对现代教学技术参与外语语言教学提供了较好的理论指导（王恒宝，1988）。进入21世纪后，信息技术的发展和多媒体网络技术的普及，教育技术在语言教学中的应用越来越成熟，下面我们举两个典型的案例，对教育技术在语言教学中的应用进行简要分析和介绍。

1. 大学英语智慧教学模式案例（周云，2016）

随着智能终端、4G网络的迅速普及，移动互联网以其低成本、便捷性、高效率的特点，为语言学习带来了新的形式。语言的本质功能是交际，外语教育的关键在于交互。移动互联网则兼具交互性、个性化、实时性、情景化等特征，使得语言学习可以实现跨越课堂边界，突破时间、地点限制等创新型教学模式。《移动互联视域下的大学英语智慧教学模式研究》一文探讨了移动互联网时代，如何因势利导地充分发挥移动互联网技术的优势，同时赋予移动学习过程丰富的教育内涵，使其成为活跃教学气氛、培养想象能力、提升思维品质的教育转型催化剂。

浙江大学的周云在大学英语智慧教学模式下，进行了为期一年的教育教学实践，研究过程遵循“输出驱动、输入优化”的教学理念，从语言学习理论与移动新媒体技术相结合的视角出发，建立了具有可视化、可听化、协作化、互动化的大学英语智慧教学模式，文中设计的大学英语智慧教学模式如图 3－2 所示。

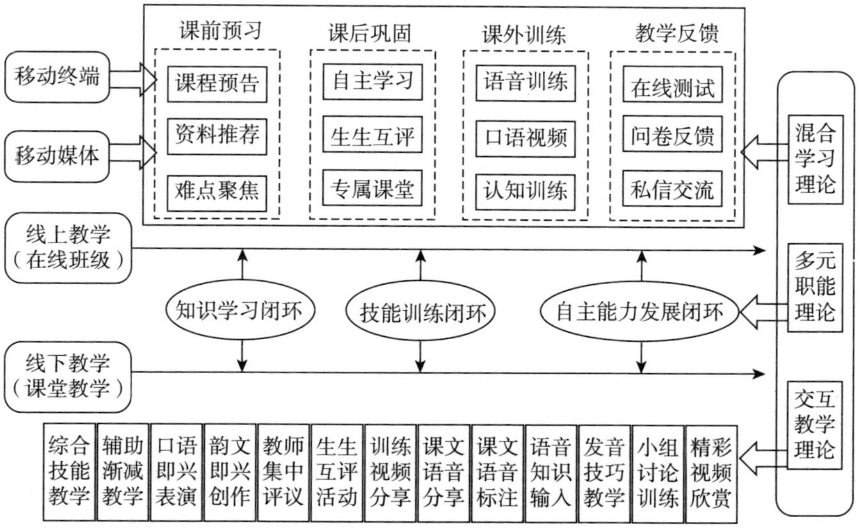

图 3－2　大学英语智慧教学模式结构图

资料来源：周云，2016，《移动互联视域下的大学英语智慧教学模式研究》，《现代教育》第 12 期。

文中依据商用现货（Commercial-off-the-shelf，COTS）原则，从多个移动新媒体平台中选择用于大学英语智慧教学的支撑环境，并建立了基于 QQ 群的教学服务支撑团队，对师生给予教学实践指导及建议，及时分析与排除技术障碍。文章借鉴企业质量管理中的 PDCA（Plan，Do，Check，Act 的缩写）管理循环概念，提出了打造线上线下教学闭环，并结合各自优势，以获得更好的教学成效的大学英语智慧教学思路。

在实证研究方面，文章选择了“节奏韵律训练”“情境会话”“泛读课文自主学习”三个典型的教学实例，并进行了为期一年的教学实践。

（1）节奏韵律训练实例

采用“啪啪”语音社交平台尝试在课堂教学中讲授语音知识，并在课外辅以大量语音训练。研究中采用 Jazz Chants 作为语音训练的材料，教师先在课堂内明确语音节奏训练的意义和目标，然后讲解重读、不完全爆破、连读、弱读等语音知识，并指导学生对例文进行语音记号标注。课余时间，则由学生在智能手机上通过“啪啪”软件录制和上传语音训练音频，教师负责在线检查练习情况，并进行个性化纠音，对于课外练习中出现的共性问题，则通过课堂集中评议反馈给全体学生，提醒学生在下一次节奏韵律训练中避免出现同类问题。

（2）情境会话教学实例

口语学习仅依靠课堂上讲授口语技巧或者课内创设交际情境进行有限的练习远远不够，还需要学生充分利用平时生活中的碎片化时间，自主、持续地开展大量练习。在情境会话教学环节，研究者通过“微录客”视频微博平台进行口语练习和教学。例如针对“食物”主题，教师在课堂内布置情境会话任务的形式和要求，明确该作业的评价标准。课后，学生以小组为单位进行会话练习，并做好展示的准备。由于课堂时间的限制，对学生口语作业的检查通过线上线下相结合的方式进行，一半学生在教室内现场展示并当场点评；另一半学生在智能手机上完成口语作业，教师在线进行点评和反馈，并在下一次课上集中讲评检查情况。

（3）泛读课文自主学习实例

泛读课文自主学习实例主要解决学生阅读量不足的问题，教师讲解的阅读技巧还需要学生在自主阅读中反复实践才能实现知识的内化。《新编大学英语》教材每个单元包含一篇精读课文和两篇泛读课文，通常学生对泛读课文都是一带而过，白白浪费了增长阅读量的机会。针对这一问题，研究利用“葱课”移动微课程平台提供的“专属课堂”功能模块建立在线课程通道，有效督促学生进行泛读课文的课后自主学习。教师在向全体学生布置泛读课文自主学习任务的同时，指定两个小组负责录制课文讲解微课，小组成员分工合作完成 PPT 课件以及授课视频的录制工作。微课时间要求控制在10分钟以内，并完全以英语讲解，同时鼓励学生发挥创造性，以激发学习积极性，提升学习成就感。

从文章提出的大学英语智慧教学模式，以及三项大学英语智慧教学实例可以看出，移动互联网时代为大学英语教学提供了全新的学习方式和前所未有的丰富资源，新时代大学生的学习风格和学习方式也呈现自主性、移动性、随时性等新特点，现代信息技术应用于大学英语教学，带来了教学理念、教学内容和教学方式的改变。将信息技术与课程教学相融合，在语言学习理论的指导下，构建以线上教学平台环境为依托，打造语言知识学习、语言技能训练、自主学习能力发展三位一体的线上线下教学闭环，为有效提高大学生的英语综合应用能力提供了新的思路和途径。

2. 多媒体环境下互动学习模式的态度研究（刘淑珍，2009）

随着交际教学法和多媒体技术在外语教学中的实践和应用，外语学习的教学模式呈现多样化趋势。学习者在教师讲授、课堂互动、自主学习等多种教学模式中交替学习。交际教学法理论强调互动在语言应用上的重要性，同时互动成为交际教学的核心，所以在外语课堂上，没有学生积极参与互动活动，就会被认为存在问题。

学习活动中，学习者是认知的主体。他们对各种互动学习方式的态度无疑会影响学习的最终效果。教师在进行课堂教学设计、制订教学计划时，需要知道学生的学习目标和学习期望。电子科技大学的刘淑珍在《大学生对多媒体环境下互动学习模式的态度研究》一文中，就探讨了多媒体环境下，学生对互动学习模式的态度以及其中的构建因素。

研究以电子科技大学本科生作为研究对象，通过问卷调查的形式定量分析了学生对于多媒体互动学习模式的态度，问卷由10个问卷项组成，打分采用1～7的数字代表是否赞同，并将结果转换为－3～3的记分法，问卷结果如表3－1所示。

表 3－1　人际互动学习模式态度问卷调查结果描述

Item	N	Mean	SD	T	P
师生互动					
I. 1 老师在课堂上组织很多学习互动活动	231	1. 94	1. 28	19. 77	<0. 01
I. 2 老师在课堂上参与我们的课堂互动活动	231	1. 99	1. 27	20. 94	<0. 01
I. 3 老师向学生提问式师生互动活动	231	0. 99	1. 43	9. 12	<0. 01
I. 4 老师在课堂上纠正学生所犯的语言错误	231	2. 02	1. 13	23. 71	<0. 01
I. 5 遇到问题向老师请教	231	0. 41	1. 67	3. 52	<0. 01
总体	231	7. 37	6. 79	18. 23	<0. 01
生生互动					
I. 6 与同学互动学习	231	1. 73	1. 38	16. 65	<0. 01
I. 7 结对子进行互动学习活动	231	1. 53	1. 35	14. 94	<0. 01
I. 8 小组学习活动	231	1. 59	1. 33	15. 76	<0. 01
I. 9 全班集体互动的课堂互动	231	1. 58	1. 34	15. 71	<0. 01
I. 10 遇到问题与同学讨论找到答案	231	1. 33	1. 48	11. 78	<0. 01
总体	231	7. 76	6. 14	15. 78	<0. 01

资料来源：刘淑珍，2009，《大学生对多媒体环境下互动学习模式的态度研究》，《电化教育研究》第 7 期。表 3－2、3－3 同。

从表 3－1 可以看出，问卷调查的结果表明在师生互动方面，学生希望老师组织很多学习互动活动，且希望老师直接参与学生的课堂活动，同时老师直接纠正学生所犯错误的方式受欢迎程度最高。在生生互动方面，同学间的互动学习最受欢迎，遇到问题时与同学讨论找到答案在生生互动方面评分最低，但是要高于遇到问题向老师请教的评分，说明中国学生总体上在遇到问题时，可能是出于羞怯或是文化因素，并不倾向于通过与周围同学或老师讨论来解决问题，因此在给学生提供面对问题时勇于讨论方面还有待加强。

表 3－2 列出了学生对在计算机上进行自主学习模式的态度，从结果可以看出前 4 项的得分整体较高，学生对使用计算机进行自主学习的态度非常积极，同时问卷中的第 5 项得分较低，即计算机上的自主学习

并没有使大部分学生的信心增加，这可能是由于计算机上的学习资源不够丰富，学习活动设计乏味，特别是评价系统过于机械，不能全面、公正、准确评价学生成绩造成的。因此，在设计用于计算机的学习资源时，要注意学习资源本身不要有太多缺陷，另外学生计算机操作水平的差异也可能会影响到在计算机上进行自主学习的态度。

表 3-2　学生对在计算机上进行自主学习模式的态度

Item	N	Mean	SD	T	P
Ⅱ.1 计算机生动丰富的音频和视频资源	231	1.58	1.33	15.77	<0.01
Ⅱ.2 在机上自主学习可以选择自己感兴趣的学习资源	231	1.73	1.38	16.65	<0.01
Ⅱ.3 在机上可以选择适合自己的节奏学习	231	1.65	1.34	16.37	<0.01
Ⅱ.4 在机上可以选择自己喜欢的方式学习	231	1.70	1.38	16.32	<0.01
Ⅱ.5 在机上学习使我的信心倍增	231	-0.79	1.57	-6.63	<0.01
总体	231	5.87	5.74	16.83	<0.01

表 3-3 列出的是学生对教师讲解式教学的态度，从结果可以看出学生对讲解式教学的整体认可程度较低，特别是对于讲解语法、讲解课文和讲解词汇，这类知识具有枯燥、晦涩的特点，单纯的教师讲解难以改善学生学习的态度。

表 3-3　学生对教师讲解式教学的态度

Item	N	Mean	SD	T	P
Ⅲ.1 老师讲解语法	231	-0.78	1.57	-6.64	<0.01
Ⅲ.2 老师讲解课文	231	-0.94	1.63	-7.53	<0.01
Ⅲ.3 老师讲解词汇	231	0.34	1.95	2.45	<0.05
Ⅲ.4 老师讲解文化背景	231	0.82	1.70	6.34	<0.01
Ⅲ.5 老师讲解听力、阅读技巧	231	0.89	1.62	7.15	<0.01

续表

Item	N	Mean	SD	T	P
总体	231	1.22	1.61	7.79	<0.05

从几种教学模式的比较可以看出，与传统的教师讲解式教学模式相比，学生对面对面的人际互动学习英语和人机互动自主学习英语的态度更加积极，人机互动学习的评分略低与教学资源设计和人机交互界面友好度等方面有很大关系，因此，在人机交互软件的情感交流方面应该有所提升。互动性对于语言教学模式具有非常重要的影响，互动教学不仅可以提高学生的学习兴趣、活跃课堂气氛，还可以有效地提升教学效果。将多媒体技术融入互动教学模式中，以多元化的互动模式，从多个层面去改变学生的认知方式和学习模式。

教育技术的日新月异为学习者建构了新的认知环境，同时也使外语教学呈现多元化互动式学习与传统的讲授并存的局面。师生之间、生生之间面对面交流和人机自主互动学习等多样化的教学模式并存是外语教学的发展趋势，如何更好地发挥多元学习模式各自的优势以促进外语学习的最佳效果，是未来外语教学研究的重要方向。

第四章 情景感知技术的理论与应用研究

随着全球性移动互联网络和智能终端产品的快速发展，人类社会进入了普适计算（Pervasive Computing）的新时代，电子产品正在以更加多样化的面貌融入人们生活的方方面面。在普适计算时代，电子产品与周边环境的界限被打破，无处不在的感知设备以及强大的计算能力将可以更好地服务人类世界。情景感知技术是普适计算时代最具代表性的技术之一，它不仅可以提供无处不在的服务，更可以根据个人的需要提供主动、智能和个性化的服务，情景感知技术在各领域中的广泛应用将可能对未来社会的发展起到极大的促进作用。下面我们就对情景感知技术的理论背景、实现框架和应用研究做逐一介绍。

第一节 情景感知技术简介

情景感知，国内有些文献中也翻译为情境感知，英文全称是 Context Awareness 或 Context-aware。早在 1992 年，Xerox PARC 实验室的 Roy 和 Olivetti 研究中心的 Andy 就合作提出了利用带传感器的电子徽章实现办公环境下人员定位的研究，这也算是物联网技术早期应用的雏形（Want 等，1992）。1994 年，Schilit 和 Theimer 在 *IEEE Network* 上发表的文章"Disseminating Active Map Information to Mobile Hosts"中第一次提及情景感知（Context-aware）这一词语，文章介绍了通过上下文感知

（情景感知的另一种中文翻译[①]）的方式获取位置信息以及随时间变化的情况，并认为上下文感知是对应用环境适应性的研究（Schilit &Theimer，1994）。在之后的不断研究中，有很多词汇成为与情景感知相关的热门词汇，如 Adaptive（Brown，1996）、Reactive（Cooperstock，1995）、Responsive（Elrod 等，1993）、Situated（Hull，1997）、Context-sensitive（Rekimoto，1998）、Environment-directed（Fickas 等，1997）等，并逐渐划分为使用情景（Using Context）和适应情景（Adapting to Context）两类不同的研究方向。2000 年 Dey 在他的博士论文中给情景感知技术提供了一种新的定义，即一个系统如果使用情景信息来提供与用户相关的信息或服务，并且这种相关性取决于用户当前的任务状态，那么这就是一个情景感知系统，其中情景信息是指“能够被用来描述实体情况的任何信息，实体可以是个人、地点或者是与用户和应用相互作用的对象”（Dey，2000）。从 Dey 的定义中可以看出对于情景感知系统来讲，确定使用者当前任务，并建立相关情景来提供信息或服务是建立一个情景感知环境的两个最重要的因素。德国学者 Schmidt 等在 1999 年的著作中从三维空间的角度描述了情景感知环境，其中包括周围环境（物理环境和社会环境）、用户自身（设备状态、心理活动、认知行为等）和交互活动（用户行为、任务等），Schmidt 提出的这种多维情景感知环境也更加符合我们现在对情景感知的认知，其三维空间模型如图 4－1 所示（Schmidt 等，1999）。

国内对于情景感知技术的理论探讨和实践研究要落后于国外，万亚红等在 2004 年提出了引入中间件层形式的情境感知系统结构分层模型，

① 上下文感知更偏向于对英文 Context-aware 或 Context-awareness 的中文直译，在计算机专业研究领域中这种中文翻译使用较多，而情景感知或情境感知则多用于社科类研究中对于同一英文词汇的翻译。无论使用何种中文翻译，其英文词根都是相同的。本书中采纳教育学研究中更多使用的情景感知这一中文翻译，其中一个重要原因是这里更加强调学习情景的构建，以及学习情景与学习者之间的交互反馈。

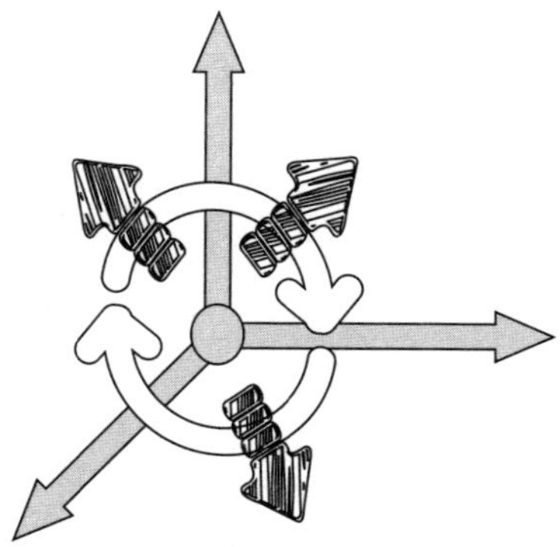

图 4－1 Schmidt 等提出的情景感知环境模型

资料来源：Schmidt 等，1999，*Advanced Interaction in lontext*。

并设计了基于 ACTK① （Active Context Toolkit）框架结构的智能家庭原型（万亚红等，2004）。杜丽萍等则在角色存取控制（Role-Based Access Control，RBAC）模型基础上，通过增加情景约束实现了情景感知的存取控制策略，并提出了基于 RAS 的医疗系统案例应用（杜丽萍、虞慧群，2006）。随着技术和应用场景的愈加成熟，关于情景感知在移动环境中的实现技术和针对不同领域的实践研究多了起来，例如孟霞等提出了对移动场景中的使用者在位置、时间、业务需求等方面的用户情景数据进行挖掘，通过综合数据分析个人和情景属性间的关联，实现业务信息的主动推荐（孟霞等，2008）。焦玉英等则通过搭建情景模型，实现在数字图书馆 Web 环境下针对用户个性化服务的研究，其中情景模型的构建包括情景信息获取、情景信息分析、情景模型表示和情景模型更新等部分，并最终实现数字资源的个性化检索和推荐服务（焦玉

① ACTK 是由 Dey 博士基于组件抽象技术开发的通用系统开发平台 CTK 发展而来，CTK 平台采用功能组件集合来表示情境信息世界的实体对象及其相互关系。在 CTK 框架的基础上，加入主动推理机制，即成为 ACTK。更多 CTK 平台的内容可以访问：https://www.cc.gatech.edu/fce/contexttoolkit/。

英、袁静 2008）。

综上所述，情景感知技术的关键是情景的构建和交互感知的实现，以及人或物在其中所处的状态。情景构建需要确定环境中各种状态信息，例如时间、位置、温度等，同时可以由各种软硬件设备的状态、环境中各对象的关系等组成。有学者认为情景信息由用户信息（User）、环境信息（Environments）以及计算实体信息（Computing entity）三类组成（Hong 等，2006），也有学者将情景信息分为动态情景信息和静态情景信息两类（张翼、林鹏辉，2009）。2011 年陈媛媛等在 Schmidt 研究的基础上将情景信息进行了拓展，提出了情景信息要素分类，如图 4－2 所示，该要素分类对情景信息的研究具有很好的指导作用（陈媛媛、刘正捷，2011）。

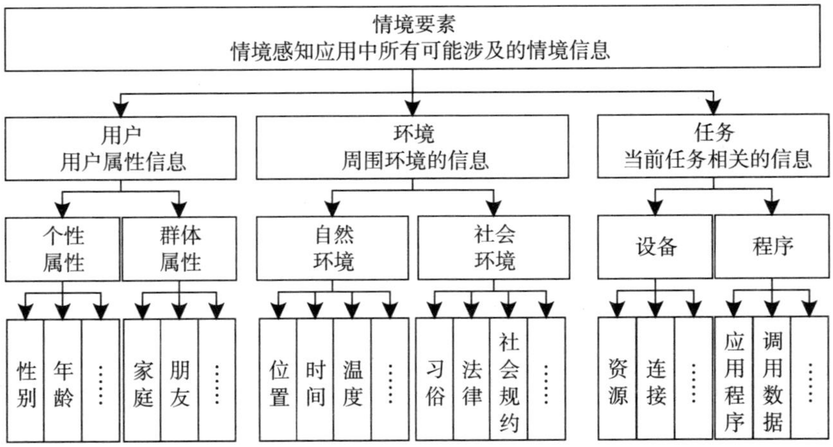

图 4－2　情境要素分类

资料来源：陈媛媛、刘正捷，2011，《移动情境感知及其交互研究》，《计算机应用研究》第 12 期。

交互感知是保障情景感知环境正常运转的另一个方面，即感知环境中的人或物能够通过感知技术及交互设计与情景信息发生互动，这一过程中不仅会有数据的采集过程，同时还会涉及数据清洗、数据压缩、数据聚集、数据融合等感知技术的使用（胡永利等，2012）。在交互感知研究中，情景物体的编码标识技术、通信与网络融合技术、智能信息处理技术、云环境安全技术，以及基于移动感知环境的数据获取技术（如移动感知技术、延时容忍路由技术等）是解决感知环境中识别人或物实时状态的几项重要技术。同时，在感知技术的实现方面，分为移动传感器实现层、海量数据处理层、数据资源调度层和外接应用层等，图4－3展示的是供参考的移动感知应用模型（何欣等，2011）。

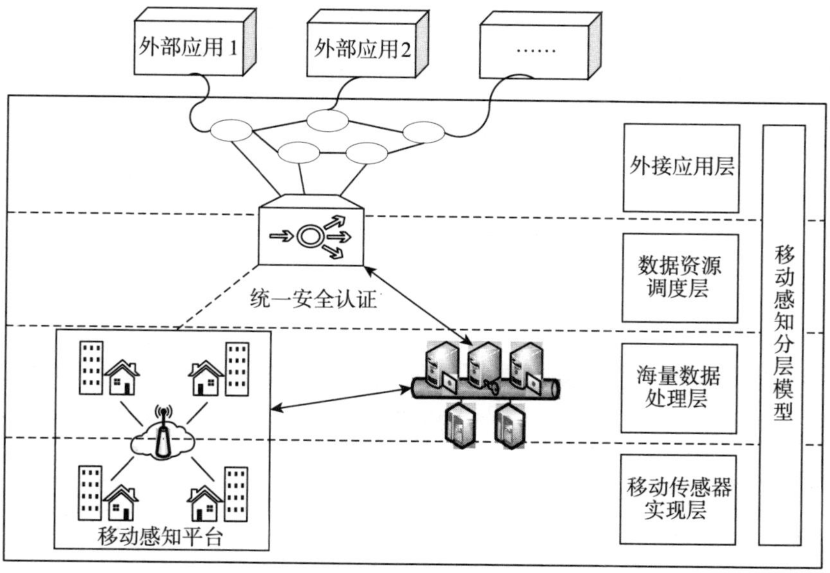

图4－3　移动感知分层应用模型

资料来源：何欣等，2011，《移动感知物联网技术研究》，《计算机应用研究》第7期。

随着移动通信技术和传感器技术的进一步发展，智能终端设备不仅可以以更小的体积承载更快的运行速度和更高的数据传输效率，还可以作为连接人与数字资源中心的重要设备。移动互联网和物联网的融合，将现实世界和虚拟空间进一步有机地结合在一起，各种情景信息、社交网络、知识载体共同组成了一种更加泛在化、个性化、智能化的信息承载和交换网络。

区别于以往由用户发起的服务申请，情景感知技术更加强调主动化、个性化地向使用者提供服务，自动进行推理和决策，通过更加智能化的程序控制，实现由计算机来理解用户所处的情景，并通过智能化控制来降低人工参与的程度，最终让用户得到一种无缝使用的智能设备，并达到情景感知环境主动支持的目的。正是在这样的背景下，近些年情景感知技术慢慢成为研究者关注的重点，并开始在不同领域发挥作用，在人们越来越依赖数字网络环境的同时，情景感知技术成为解决人机交互困境的最后一个环节，最终成为改变人们生活状态和习惯的一项重要技术。接下来，我们介绍一下情景感知技术在实际的系统搭建过程中系统框架的设计和常用的关键技术。

第二节　情景感知系统框架

智能终端设备和移动网络的飞速发展伴随传感器技术的进步，越来越多的传感器技术直接集成在了智能终端设备中，使得情景感知环境搭建的方式更加丰富，因此，越来越多情景感知系统在设计过程中，更加强调在移动网络环境中的实现。

对于情景感知系统框架的实现，早在 2006 年 Sidnal 和 Manvi 就提出构建一个模块化的移动情景感知应用系统，其中就提到了设计移动情景感知系统的五层模型，分别是物理层（Physicallayer）、数据层（Datalayer）、语义层（Semanticlayer）、推理层（Inferencelayer）和应用层（Application layer）（Sidnal&Manvi，2007）。2007 年 Baldauf 等人同样设计了一个用于情景感知系统的五层概念框架模型，Baldauf 的模型更加重视技术实现层面的应用，自底向上分别包括传感器层（Sensors）、元数据检索层（Rawdataretrieval）、预处理层（Preprocessing）、存储/管理层（Storage/Managemnet）和应用层（Application），采用分层模型的情景感知系统升级方案主要是为了侦测和使用情景信息时便于系统升级的可复用性和可扩展性。Baldauf 的模型没有设计推理层，但是他也提到了可以将演绎和推理这两项功能作为增强层（Augments layers）添加到模型中（Baldauf 等，2007）。当然还有其他文献也涉及了情景感知系统分层模型的建立，基本思路是一致的，在此基础上我们也提出了一种与当前技术发展趋势相一致，且适用于教育教学环境的情景感知系统分层模型，如图 4－4 所示。

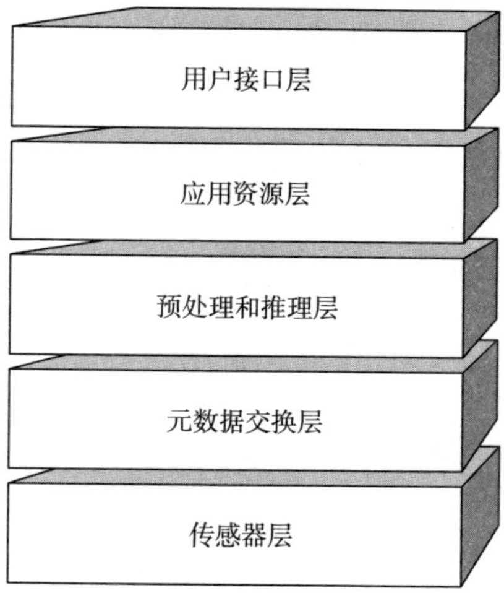

图 4－4　情景感知系统分层模型

资料来源：笔者绘制。

在我们设计的分层模型中，第一层传感器层（Sensors layer）是情景感知系统实现的硬件基础，这一层的作用主要是通过各种类型的传感器设备实现对物理世界或虚拟环境的状态、信息等的采集工作。在这一层中，感知数据的获取方式又可以分为三种：一是物理层传感信息，传统意义上情景感知系统中使用最多的就是各类物理传感设备，如 GPS 定位、陀螺仪、光线感应、温度感应、蓝牙、摄像头等，技术的发展使得最新的传感设备可以精确地监控人体的各项数据指标，物理传感器的使用也是情景感知系统实现过程中不可或缺的组成；二是虚拟传感信息，虚拟传感信息通过获取虚拟化的操作信息来实现对用户状态的感知，例如用户浏览网站的数据实现对用户使用习惯的分析，因此来识别虚拟环境中使用者的感知状态；三是逻辑传感信息，逻辑传感器是将物理传感信息与虚拟传感信息之间建立逻辑关联，通过推理演绎实现逻辑传感信息的获取，例如通过物理位置信息来建立虚拟环境的感知，或通过分析网络环境中的虚拟操作来实现对物理状态的判断。

第二层元数据交换层（Metadata exchange layer），这一层用来实现物理传感器与情景感知环境的对接，通过物理传感器的 APIs 接口实现与虚拟感知、逻辑感知的连接，对于应用层需要的感知信息检索工作也要在这一层实现。另外，元数据交换层还包含可替换的组件接口，当物理传感器进行升级或替换时，不再需要进行大规模代码改写或重构，就可以快速切换到新的感知数据接口以保证整个情景感知系统的正常运转。

第三层预处理和推理层（Preprocessing & reasoning layer），这一层需要完成两项任务，首先是对元数据中可能存在的原始粗粒度数据进行过滤和规范化，特别是对物理传感器设备提供的感知信息，往往需要将这些信息提取和量化。其次是对经过预处理后规范化的数据进行推理，以形成更高抽象层次的标记数据。另外情景感知系统中可能存在多种不同类型的感知信息源，因此也需要在预处理和推理层将不同来源的感知信息进行聚合或重构，所形成的高级感知信息对情景感知系统往往更有价值。例如 GPS 传感器可以提供位置信息，但是民用级 GPS 信号精度有限，往往需要对 GPS 路线数据进行滤噪及重构，用来去掉一些不合理的节点，同时在情景感知系统中，对位置信息的需求不仅仅是经纬度数据，还需要通过推理机将物理位置信息与感知状态信息相融合来生成高级信息，以满足情景感知系统的需要。

第四层应用资源层（Application & resource layer），这一层负责情景感知环境的构建以及感知资源的搜集、整理和存储，并向高一层提供数据访问接口以满足用户使用需要。应用资源层可以提供同步或异步两种方式进行资源访问，同步模式下，情景感知系统会通过网络连接来提供实时感知资源推送；异步模式下，用户通过订阅工作的机制，当触发事件方式时，使用者通过通知事件或者主动发送 Call back 消息来获取感知资源的更新。

第五层用户接口层（User interface layer），这一层的作用是面向终端使用者，提供主动或被动推荐的感知资源，大部分情况下，情景感知系统通过判断使用者的感知状态，并通过信息检索和推理机制，实现感知资源的智能推送服务。另外，由于第五层直接面向最终用户，因此非常重视用户交互设计的质量，一个操作快捷、反应迅速、界面友好的情景感知应用会更好地博得用户的好感，整个系统的使用效果也更好。

基于分层设计的思想，一套完整的情景感知系统和服务需要包含最底层的网络结构、传感器设备、用户终端设施，用于感知信息过滤和数据智能推理的中间件模块，以及面对终端用户的情景感知应用系统。在框架设计的同时，还需要考虑网络效率、传感器精度、推理算法质量、数据安全与隐私等问题。Hong 在 2009 年的论文中就着重提及了中间件技术在情景感知系统框架中的重要作用，通过中间件技术的衔接，可以解决情景感知系统跨平台、适应复杂应用、解决数据衔接等问题（Hong 等，2009）。

在设计针对移动学习场景的情景感知系统框架时，特别要注意移动网络环境下学习环境的特点，特别是泛在化、碎片化、个性化、情景化、可分享化等特征（聂应高，2018）。其中泛在化是指“无处不在，无时不在”的超越时间和空间限制的特征，在情景感知环境中，特别要强调的就是不受地点、气候、时间、设备等的限制，让使用者能够融入感知环境中的泛在化的重要表现。碎片化是指随着手持式移动设备的发展，以及触摸技术成为人机交互的主体，人们浏览学习资源在泛在化的基础上又有了碎片化的特点，即使用者与情景感知环境的交互过程在时间、位置、浏览内容、交互过程等都呈现碎片化趋势。如今的学习者越来越难于长时间聚焦于某个关注点上，因此在情景感知资源建设过程中要特别注意信息的碎片化问题。个性化是指情景感知环境中每一个用户都是一个独立的个体，不同的人有不同的浏览路径和交互习惯，对于学习者来讲，每个人的接受程度更是千差万别，情景感知系统能够更好地服务于个体在感知环境中的状态，形成个性化的学习路径。情景化是指情景感知环境往往需要依托物理环境和虚拟空间共同营造的数字化情景空间，物理环境的真实性会帮助学习者更好地理解学习的资源，虚拟空间的引导性则可以帮助学习者按照个性化和最优化的学习路径在学习活动中前进，因此，情景化的建立是情景感知学习环境有别于其他移动学习环境的一个重要因素。可分享化是指情景感知环境不仅具备针对个人的感知空间，同时也带有强烈的社交网络属性，情景感知空间的每个人并不是孤立的，他们和系统中其他人之间仍旧存在社会化的关联属性，例如个人的学习资源、学习建议、学习路径等都可以成为被分享的内容和载体。

从情景感知系统的这些特征出发，以分层模型思路为指导，我们设计了一个面向移动学习的通用型情景感知系统框架结构，如图 4 – 5 所示。

面向移动学习应用场景的情景感知系统，在系统框架的设计上更加重视移动网络环境与学习资源、教学模式的匹配。传统的桌面型计算机体积庞大且不便于使用传感器设备，因此并不适用于情景感知系统。移动互联网和手持式智能终端设备的飞速发展和普及，以碎片化阅读为主要特征的移动学习已经成为人们获取学习资源的主要方式和重要途径（田嵩，2016）。作为典型智能终端设备代表的智能手机，不仅具备传统计算机强大的计算能力和创新型的人机交互操作界面，同时大部分智能手机内部预装了大量的传感器元件，这使得智能手机非常适合用作情景感知系统的核心组件，同时由于碎片化阅读时代人们的阅读习惯越来越依赖于智能手机，因此以智能手机作为主要学习设备的移动学习情景感知系统具有很好的实用价值。

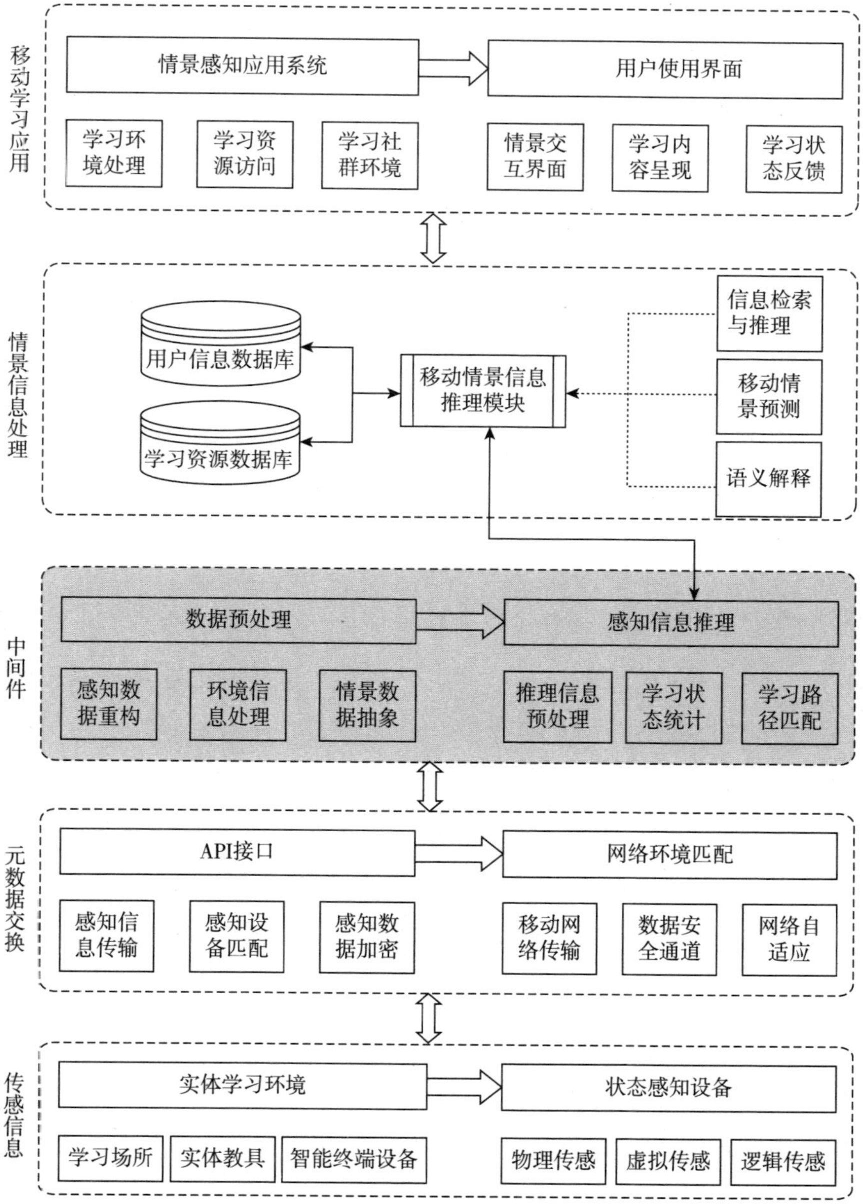

图 4－5　面向移动学习的情景感知系统框架

资料来源：笔者自制。

情景感知系统设计的目的是满足移动学习的需要，因此整个系统框架的设计都要围绕学习者和学习资源开展，具体体现在如下几个方面。

一是以学习者为中心的个性化学习路径。早在网络教学时代，以学习者为中心开展个性化学习就是网络教学区别于传统学习模式的重要特征之一，摆脱了物理教室和严格的上课时间限制，在虚拟化的网络空间中，学生可以按照自己的情况安排学习进度，而教师也可以更加方便地单独指导学生的学习，教师在网络教学平台中仍旧扮演管理者的角色。在情景感知学习系统中，学习者的自主权更大，每个人都可以决定自己在一个情景系统中所处的位置和学习的状态，特别是情景感知系统会不断进行学习路径匹配，在记录个性化学习路径的同时，也能够帮助学习者找到个人最优化的学习方向。

二是以碎片化为特征的学习资源组织。为了适应移动学习时代阅读习惯的改变，情景感知学习环境和学习资源也以更加“碎片化”的形式组织。在情景感知移动学习资源数据库中，学习单元会以更小粒度的微课、知识元等形式存储，学习单元的组织也更具有个性化色彩，大多数情况下我们会把一个学习单元中的所有碎片化学习内容以及外部链接都放置于情景感知学习环境中，并赋予学习者最大的自由度。在学习资源设计上，则要更加注意对用户界面和移动交互的支持，特别是在内容组织、页面布局、媒体使用等方面，需要尽可能符合移动阅读的习惯。

三是以智能化为代表的主动推荐机制。情景感知系统赋予学习者极大的灵活度，强调了提升学习者进行探究式学习的重要意义，但同时也带来了学习路径选择上的问题。学习者对情景感知系统服务的需求会随着情景的变化而改变，这是一个比较复杂的过程，对于知识的识别可通过构建学科领域的语义本体实现，对于学习状态的识别则是一个多维的、动态的、复杂的过程，它通过学习目标、学习历史、学习者情境、环境情境等来了解学习者当前的学习需求和下一步的学习方向（黄志芳等，2015）。因此需要通过语义解释建立本学科知识和学习者当前学习状态的本体库，同时还需要利用推理规则和约束条件进行逻辑推理，以实现智能化的学习预测和学习路径的选取（李枫林、陈德鑫，2016）。

综上所述，面向移动学习的情景感知系统框架的建立，既要以情景感知分层模型为理论基础，也要充分考虑建立学习情景与学习知识间的连接，同时还要将智能推荐技术融入情景学习活动中，最终构建实现个性化、移动化、泛在化和智能化的情景感知学习平台。

第三节　情景感知关键技术

情景感知系统中包含大量的关键性技术，不同的技术针对的情景感知系统应用领域、所能提供的感知服务也不尽相同，从最为基础的传感器技术、数据库技术，到复杂的逻辑推理技术、人工智能技术等不一而足。情景感知系统对先进技术的依赖度非常高，已有的研究案例中有大量阐述情景感知系统的案例可供借鉴，但同时近些年各领域研究的快速发展，特别是在移动互联网时代，很多早期的技术已经不再适用于当下，因此，本书对关键技术的介绍将更多聚焦于适用于移动学习环境的典型技术和前沿理念的应用。

1. 情景识别技术

情景感知环境可以是一个闭合的物理世界，可以是一个封闭的虚拟社交网络，也可以是物理世界和虚拟社交网络的融合体。对于物理世界中情景识别，我们通常使用传感器技术进行位置信息分析，最为常见的就是全球定位系统（Global Positioning System，GPS）。GPS 定位技术依靠运行在地球同步轨道的 24 颗卫星，可以实现民用级户外位置、速度等信息的导航工作，但是移动学习环境通常是在室内开展，且范围不会太大，因此 GPS 导航技术并不能完全满足移动学习环境的需要。针对 GPS 定位精度不足的问题，近些年也提出了利用移动基站信息定位和 GPS 定位相结合的 A－GPS（Assisted GPS）定位技术，如图 4－6 所示。A－GPS 技术可以解决城市建筑对传统 GPS 信号的干扰问题，定位精度也要高于单一的 GPS 定位，但是 A－GPS 与 GPS 技术一样，仍旧无法满足室内教学定位精度的需要，并且长时间使用会产生较大的噪声或飘移，导致定位结果随机性太强，稳定性较差（毕京学等，2016）。因此用于室内移动学习情景感知环境建设时，GPS 技术并不是一个可行的选择，还需要选择更加适用的技术。

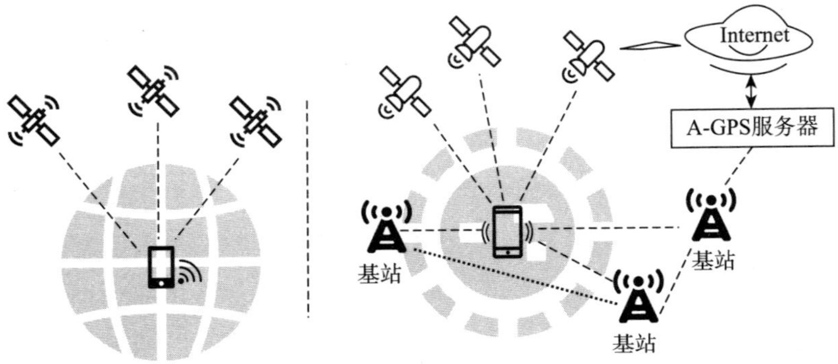

a）GPS 定位模式　　b）A－GPS 定位模式

图 4－6　GPS 定位与 A－GPS 定位示意图

资料来源：笔者自制。

对于在情景感知系统中亟须实现室内定位的问题，长期以来都是传感器技术领域研究的热点，查阅现有文献和技术文档，我们总结出常用的室内定位技术包括蓝牙、RFID、NFC、二维码等，下面对这些室内定位技术进行简要介绍。

蓝牙（Bluetooth）是一种用于短距离数据传输的无线连接技术，通过跳频数据传输方式，一个蓝牙主（发射）设备可以最多同时和 7 个设备建立通信连接。Cano 等人在 2006 年提出了基于 PDA＋蓝牙传感器在无线网环境中实现的泛在博物馆系统研究，其中泛在博物馆情景感知环境用 Java 语言开发，室内定位采用安装蓝牙发射器与 PDA 上的蓝牙传感器连接的方式（Cano 等，2006）。汪月鹏在 2016 年提出了同样基于蓝牙技术的情景感知智能家居系统，该系统利用无线 Mesh 网络环境，通过 CSRmesh 协议实现蓝牙 Bluetooth Smart 设备间的智能连接（汪月鹏，

2016）。蓝牙技术是一种无线网络数据传输技术，在特定条件下可以满足室内定位的需求，但是蓝牙技术本身并不具备精确定位的能力，更多的是实现对特定标签的识别，同时组建蓝牙网络需要购买专用的传感器设备，因此，利用蓝牙技术实现的情景感知系统需要较高的实施成本。

RFID（射频识别，Radio Frequency Identification）和 NFC（近场通信，Near Field Communication）技术与蓝牙类似，都是用于近距离无线网络数据传输或信号识别的技术。RFID 通过无线电信号识别特定的目标，可以实现 RFID 芯片数据的读写，并且不需要识别系统与这个目标有物理或者光学接触。RFID 可以识别高速运动的物体，也可以同时识别多个标签，我国的第二代身份证，以及高速公路的不停车电子收费系统（Electronic Toll Collection，ETC）都是使用的 RFID 技术。NFC 由 RFID 及互联互通技术整合演变而来，是 RFID 的增强技术。NFC 设备能够在单一芯片上结合感应式读卡器、感应式卡片和点对点的功能，能在短距离内与兼容设备进行识别和数据交换。这项技术最初只是 RFID 技术和网络技术的简单合并，现在已经演变成一种短距离无线通信技术，现在比较先进的手机支付就是采用 NFC 技术。从已有的应用案例来看，无论是 RFID 还是 NFC 技术，在实际使用过程中都需要配合专用的标签或信号发射装置，特别是 NFC 技术仅仅在中高端智能手机中得到支持。从使用成本和大规模普及角度来看，对于建设成本有限的情景感知教学系统来讲还不是最优的解决方案，RFID 和 NFC 技术还有进一步提升的空间（Zampella 等，2013）。

与蓝牙、RFID 和 NFC 技术不同，二维码识别技术的实现只需要带有摄像头的智能手机和相应的二维码解码程序即可，这一条件几乎所有的智能手机都可以满足。二维码（2 - Dimensional Bar Code）是从一维条码技术演化和发展而来的，常见的二维码编码标准包括 DM 码（Data Matrix Code）、GM 码（Grid Matrix Code）和 QR 码（Quickly Response Code）等。DM 码是由美国国际资料公司在 1989 年发明的，是由许多小方格组成的正方形或长方形符号，其资讯的储存是以浅色或深色方格的排列组合，以二进制元码方式来编码，故电脑可直接读取其资料内容。GM 码是由我国自主研发并拥有自主知识产权的一种编码方案，GM 二维码除了在保留国外码制标准技术优势的基础上，针对中国应用市场的特殊需求，在汉字存储解析、码制容量、抗畸变、抗污损等方面进行了大量的技术创新工作，形成了一系列的产业标准、知识产权和专利（潘继财，2009）。QR 码是一种国内普及率较高的二维码，由日本的 Denso Wave 于 1994 年设计，QR 码从外表看最大的特点是三处分布在四角的矩形图形（也可以是其他形状），这三个图形用来定位，QR 码支持从任意角度的快速读取。另外，QR 码又分为多个编码种类，可以实现最大 7089 个数字或 1800 个汉字的编码容量。图 4－7 显示的是 DM 码、GM 码和 QR 码的不同编码外观。

a）DM 码　　b）GM 码　　c）QR 码

图 4－7　二维码编码示例

QR 码在编码和解码过程中，需要设置位置探测和校正区，并且可以设置不同的纠错级别版本，同时 QR 码支持容错处理，因此，还可以利用这个特点制作非常具有创意的 QR 码图形（Namiot 等，2013）。图 4－8 显示的是 QR 码的识别原理图和利用 QR 码高容错能力制作的一个创意化二维码图案。

在不同的二维码编码方案中，QR 码具有普及率高、标准开放、存储信息丰富、容错能力强、可以使用个性化图案等优势，因此在不同场合都得到了广泛应用（陈荆花、王洁，2010）。与蓝牙、RFID 和 NFC 等无线数据传输技术相比，二维码技术在使用成本和易用度上都更加有优势，同时二维码中可以存储相较于一维条码更加丰富的数据信息，例如文字、图片、URL 地址、地理位置信息（可以是网址、经纬度、地名等多种形式，如图 4-8 中的二维码就是存储了一段文字信息）等，因此，二维码可以作为构建情景感知环境中的物体或位置识别的重要技术。

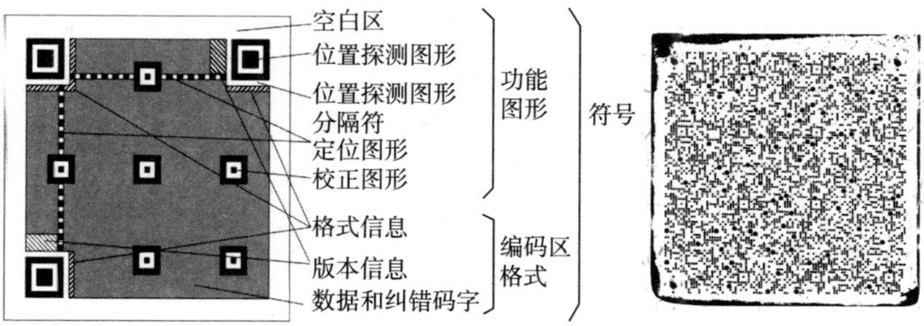

a）QR 码编码原理图　　b）经过创意美化后的 QR 码图案

图 4-8　QR 码编码原理及创意效果

资料来源：笔者自制。

在更高阶的情景感知环境中，除了通过位置信息识别使用者所处的情景外，还可以通过智能手机中内置的各类传感器，如光线传感器、脉搏传感器、重力传感器等，实现更加复杂的环境信息感知，同时建立更加复杂且智能化的情景感知系统。表 4-1 中列出了智能手机和可穿戴设备内置的大部分可用于情景感知系统的传感器设备（电子发烧友，2018）。

表 4-1　智能手机和可穿戴设备中的传感器

中文名称	英文名称	主要作用
GPS 定位	GPS location	全球卫星定位系统的简称。通过地球特定轨道上运行的 24 颗 GPS 卫星的位置坐标与时间戳信息，GPS 定位模块就可以通过计算得出高精度的三维位置、速度和精确定时等导航信息
蓝牙传感器	Bluetooth sensor	蓝牙是一种短距无线通信技术。其工作在 2.4GHz 的 ISM（Industrial Scientific Medical）频段，可以同时传输语音和数据，并且具有很好的抗干扰能力和低功耗等特点。将蓝牙固定发射器节点组成蓝牙传感器网络，再通过手机蓝牙传感器即可实现距离定位和数据交换

续表

中文名称	英文名称	主要作用
RFID 传感器	RFID sensor	RFID 技术，又称无线射频识别，是一种无线数据通信技术，可通过无线电信号识别特定目标并读写相关数据，而无须识别系统与特定目标之间建立机械或光学接触。RFID 传感器的使用通常需要在目标物体上安装 RFID 标签
NFC 传感器	NFC sensor	近场通信是一种从 RFID 技术发展而来的新兴技术，使用 NFC 技术的设备可以在彼此靠近的情况下进行数据交换。通过单一芯片上集成的感应式读卡器、感应式卡片和点对点通信等 NFC 传感器设备，即可利用移动终端实现移动支付、电子票务、门禁、移动身份识别、防伪等应用
红外线传感器	Infrared sensor	红外传感系统是以红外线为介质的测量系统。红外传感技术已经在现代科技、国防和工农业等领域获得了广泛的应用。红外线作为传感器使用时，比较容易受到强太阳光等多种含有红外线光源的干扰，外界光源的干扰成为红外线应用于野外的瓶颈
光线传感器	Ambient light sensor	光线传感器类似于手机的眼睛。人类的眼睛能在不同光线环境下，调整进入眼睛的光线。而光线传感器则可以让手机感应到环境光线的强度变化，以此来调节手机屏幕的亮度。光线传感器也可搭配其他传感器一同来侦测手机是否被放置在口袋中，以防止误触
距离传感器	Proximity sensor	距离传感器通过 LED 灯发射红外射线，被物体反射后由红外线探测器接收，通过发射光线的强度来判断距离，有效距离在 10 米左右。它可感知手机是否被贴在耳朵上讲电话，若是，则会关闭屏幕来省电；距离传感器也可以运用在部分手机支持的手套模式中，用来解锁或锁定手机
重力传感器	G-sensor	重力传感器通过压电效应来实现，传感器内部有一块重物与压电片整合在一起，透过正交两个方向产生的电压大小，来计算出智能手机水平方向的夹角。重力传感器可以运用在手机交互操作中，例如用来切换横屏与竖屏，在赛车游戏中，可透过水平方向的感应，将数据运用在游戏里，调整车辆的行驶方向
加速度传感器	Accelerometer sensor	加速度传感器的原理与重力传感器相同，但透过三个维度来确定加速度方向，功耗小但精度低。在手机中可用来计步、判断手机朝向等
磁（场）传感器	Magnetism sensor	磁传感器通过测量内置电阻的变化来确定磁场强度。使用时需要摇晃手机才能准确判断，大多用在手机的指南针、地图导航等应用中

续表

中文名称	英文名称	主要作用
陀螺仪	Gyroscope	陀螺仪也称为角运动检测装置，能够测量沿一个轴或几个轴动作的角速度，是补充加速度传感器的一项技术。事实上，如果结合加速度计和陀螺仪这两种传感器，智能手机系统可以捕捉并识别用户在3D空间的完整动作，为终端用户提供更真实的用户体验、精确的导航系统及其他功能。智能手机中的“摇一摇”功能、体感技术、VR视角的调整与侦测，都用到了陀螺仪技术
指纹传感器	Fingerprint sensor	指纹传感器目前主要应用于智能手机的安全领域，人们的指纹具有唯一性，因此指纹传感器可以在系统安全、电子支付、信息识别等领域投入使用。目前主流的指纹识别技术是成本更为低廉的电容式指纹传感器，然而超音波指纹传感器也有逐渐流行起来的趋势。电容式指纹传感器作用时，手指是电容的一极，另一极则是硅芯片数组，透过人体的微电场与电容传感器之间产生的微电流，指纹的波峰波谷与传感器之间的距离形成电容高低差，来描绘出指纹的图形。而超音波指纹传感器透过感测器向手指表面发射超音波，利用指纹表面皮肤和空气密度的不同，构建3D图像实现识别指纹的目的，且不会受到汗水、油污等的干扰，辨识速度也更为快
霍尔传感器	Hall sensor	霍尔传感器的工作原理是霍尔磁电效应，当电流通过一个位于磁场中的导体时，磁场会对导体中的电子产生一个垂直于电子运动方向上的作用力，从而在导体的两端产生电势差。主要运用在翻盖解锁、合盖锁定屏幕等功能当中，多个品牌的官方手机配件，都运用了这项技术
温度传感器	Temperature sensor	温度计传感器模块采用继承微电系统，可以测量-40摄氏度到200摄氏度的人类或物体温度。当然，传感器的使用方式也非常独特，需要避免智能手机本身的温度影响测量结果
气压传感器	Barometric pressure sensor	气压传感器的工作原理是将薄膜与电阻器连接在一起，当气压产生变化时，电阻或电容数值也随之发生变化，借此测量气压。GPS也可用来测量海拔高度，但会有10米左右的误差，若是搭载气压传感器，则可以将误差校正到1米左右
心率（脉搏）传感器	Heart rate sensor	心率传感器透过高亮度的LED灯照射手指，当电容灯光射向皮肤，透过皮肤组织反射回的光被光敏传感器接收并转换成电信号后经过电信号转换成数字信号，再根据血液的吸光率就能测算出心率信息

续表

中文名称	英文名称	主要作用
血氧传感器	Oximeter sensor	血氧传感器用于判断人体血液中的血氧含量，血液当中血红蛋白与氧合血红蛋白对红光的吸收比率不同，用红外光与红光 LED 同时照射手指，并测量反射光的吸收光谱，就可以计算得出血含氧量。通常用于运动或健康领域
紫外线传感器	Ultraviolet sensor	紫外线传感器利用了某些半导体、金属或金属化合物的光电发射效应，在紫外线照射下会释放出大量电子，透过检测这种放电效应可计算出紫外线强度。主要用在运动与健康领域

资料来源：http://www.elecfans.com/article/88/142/2017/20171202591737.html。

2. 情景建模技术

情景感知系统能够通过传感器信息构建针对个人用户的情景模型，这其中就需要用到情景建模技术。情景模型技术是指利用计算机系统可以理解的抽象化情景信息，通过情景建模方法构建出的数学模型或虚拟空间模型，并用于情景感知系统推理和交互的技术。表 4－2 中列出了常见的六种建模方法，并从易用度、描述能力、可扩展性及推理效率等几个方面进行了比较（后圆圆、孙亚红，2017）。

表 4－2　六种常见的建模方法比较

建模方法	描述方式	易用性	描述能力	可扩展性	推理效率
Key-Value	变量名—值对	★★★★	★	★★	★★★★
Markup Scheme	XML 标签	★★★	★★	★★★	★★
Graphical	UML 图形	★★★	★★	★★★	★★
Object-Oriented	面向对象	★★★★	★★	★★★	★★★★
Logic-Based	基于规则	★★	★★★	★★★	★★★
Ontology-Based	基于本体	★★	★★★★	★★★★	★★★

资料来源：后圆圆、孙亚红，2017，《一种基于规则的情境感知系统设计与实现》，《高等数学研究》第 4 期。

情景模型作为描述情景信息的组件，起到了联结底层感知信息与上层情景应用的作用，在情景建模过程中需要通过数据访问接口实现对整个情景感知系统的整合。对于感知信息的采集，情景信息会进入如公式（4.1）所述的描述：

$$C'[s,l,d] \rightarrow C[G,U,L,T,E,A,S] \tag{4.1}$$

其中 C'代表原始情景信息的聚合，s 为通过传感器采集到的数据，l 为预设的配置信息和日志信息，d 为存储在情景感知系统数据库中的感知信息数据。C 为结果情景建模推导后抽象化的情景信息，其中 G 为地理位置信息，U 为用户个人属性数据，L 为学习状态和学习推荐信息，T 为时间状态和时间序列信息，E 为地理位置以外的其他环境信息，A 为情景感知系统应用交互层数据信息，S 社会化网络环境中虚拟用户之间的关联信息。在生成的 GULTEAS 情景信息模型中，需要对其中的显式数据（如地理位置、时间状态及其他环境信息等）和隐式数据（如个人属性、学习状态、社会化网络属性等）建立不同的模型，并最终得出可用的情景信息结果，图 4－9 显示的就是基于权重分配的情景信息建模流程（葛桂丽等，2017）。

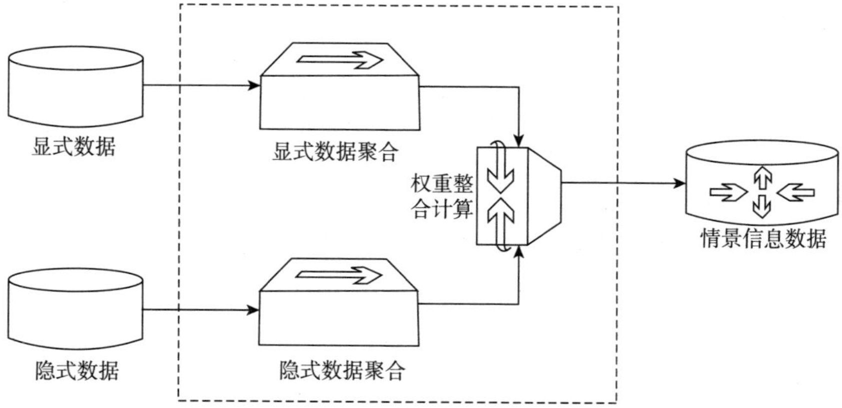

图 4－9　基于权重分配的情景信息建模流程

资料来源：葛桂丽等，2017，《基于情境感知的用户个性化兴趣建模》，《计算机应用研究》第 4 期。

情景感知建模技术的核心是建立真实感知信息与情景感知系统间的模型关联，而只有建立合理、有效的情景关联，才可以通过情景感知系统向处于其中的使用者提供最为有效的服务。这一过程中，不仅需要行之有效的建模技术实现抽象化的情景感知环境模型，同时更需要结合逻辑推理技术，将感知模型与情景感知系统间建立有效的关联。

3. 情景推理技术

在情景感知建模技术的基础上，我们可以实现情景信息的抽象化，接下来还需要通过建立规则来定义推理逻辑，以提高情景感知系统的智能化程度和可扩展性。情景规则的定义决定了整个系统的复杂性，同时情景推理技术的使用也影响着系统的易用性和可扩展性。对于情景感知推理技术的研究，一方面是融合情景信息实现推荐系统技术层面上的研究。另一方面是针对不同领域内的情境感知系统进行的推理技术的设计与开发，例如针对教育、旅游、医疗、购物等不同场景中的应用。比较而言，针对具体场景开发的情景感知推理技术更能够根据用户所处情景和行业特色，通过建立更加适用的模型来提供高质量的推荐结果和用户体验（李浩君、张芳，2018）。

在移动学习领域，情景感知推理技术需要重点解决的是如何理解学习者当前的学习环境、学习设备、学习状态，以及与所处学习社群间的关联，同时能够快捷地向学习者提供学习资源和学习状态数据，我们参考了王传安等在2012年提出的基于情景信息的本体模型用于情景推理的技术（王传安等，2012）。模型中本体构造的目的是界定相关领域的学习内容，以进一步实现对该领域知识的理解，使其符合情景感知系统中的情景本体对语义互操作的要求，情景感知系统中本体模型的具体组成如公式4.2所示：

$$Q_i\{User,\ Knowledge\ Domain,\ Study\ Time,\ Study\ Group,\ Study\ Path,\ Test,\ Test\ Grade,\ Study\ Evaluate\} \tag{4.2}$$

其中 *User* 为学习者个人信息，包括 *User_ID*、*Name*、*Sex*、*Age*、*Major*、*Class_ID* 等，*User_ID* 为学习者个人的唯一标识符。*Knowledge* 为学习知识域，包括 *KD_ID*、*KD_Info*、*Content*、*Description*、*KD_Pre*、*KD*

_Next 等，其中 KD_ID 为学习知识域的唯一标识符定义，KD_Info 用来表示学习知识域的基本属性，Content 是学习知识域的具体学习内容，Description 为学习知识域的描述，KD_Pre 和 KD_Next 分别表示学习知识域的前序和后序知识链。

公式中的 Study Time 包括 KD_ID、Min_Time、Max_Time、Ave_Tiem 等，分别表示 KD_ID 对应的知识域的最短、最长和已完成的平均学习时间。Study Group 包括 SG_ID、SG_Name、SG_Description，其中 SG_ID 是学习者所在学习小组或学习社群的唯一标识符，SG_Name 和 SG_Description 分别是学习小组或学习社群的名称和描述。

公式中的 Study Path 包括 SP_ID、User_ID、KD_Pre_ID、KD_Pre_Time、KD_ID、KD_Time、Study Path 用于记录学习者的学习过程，也是实现智能化推理技术的重要依据，其中 SP_ID 对应唯一的 User_ID，KD_Pre_ID 和 KD_Pre_Time 分别是前序学习知识域和个人学习时长，KD_ID 和 KD_Time 是当前学习知识域和学习时长。

Test 则包括 Test_ID、KD_ID、Test_Info、Content，其中 Test_ID 为测试项目的唯一标识符，KD_ID 为测试对应的学习知识域，Test_Info 为测试的基本信息，如题型、难度、评分标准等，Content 为测试内容。Test Grade 包括 Test_ID、User_ID、Grade，即测试项目对应学习者的得分情况。Study Evaluate 为对学习环境的评估打分情况，包括 SE_ID、User_ID、SE_Content、SE_Score，其中 SE_ID 为评估项目的唯一标识符，SE_Content为评估项目具体描述内容，SE_Score 为对应 User_ID 对评估项目的具体打分情况。我们利用斯坦福大学开发的 Protégé 软件建立了用于移动学习的情景感知本体模型，图 4－10 显示的就是在 Protégé 软件中通过可视化技术呈现的用户情景感知系统的本体推理模型。

在本体模型的基础上，利用本体网络语言（Ontology Web Language，OWL）即可实现对本体模型的推理机编写。OWL 语言本身就是被设计用来描述网络中各种信息间关联的一种语言，在描述了本体的基础上，

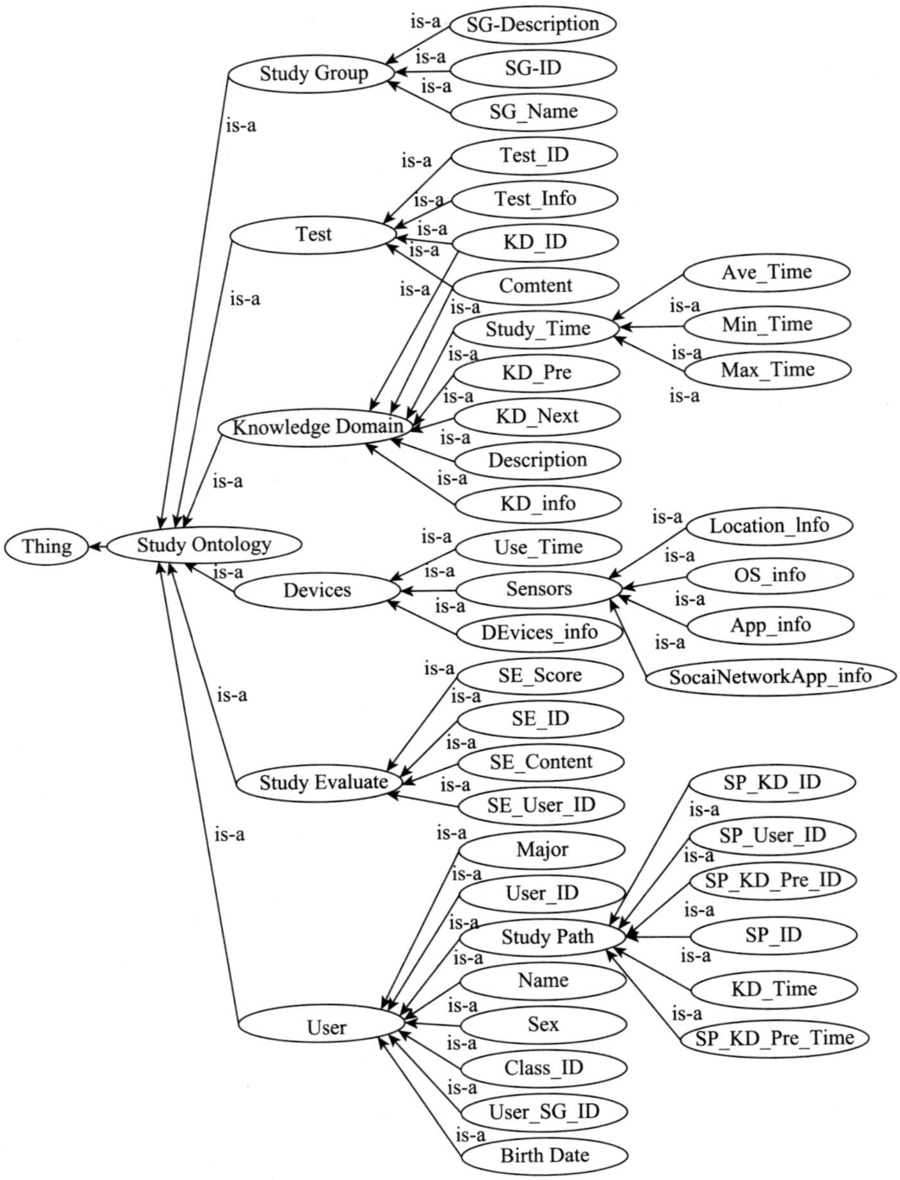

图 4－10　用于情景感知推理的本体模型

资料来源：笔者自制。

建立本体间的语义关系（如继承、多态、映射等），以 OWL 规则或用户自定义规则为基础实现对情景信息的复杂关系推理（Guermah 等，

2013）。

一个情景感知系统推理模型可以由以下几个部分组成。

（1）推理机：可以根据由语义关系和推理规则中定义的情景属性推理出新的情景状态。

（2）适用性推理规则：由一系列实际的应用场景决定的推理规则。

（3）知识库：提供用来收集、组织、分享、查询、调用等工作的情景信息库。

推理机规则的编写可以通过标准化的 OWL 语言实现，通过对本体的标识推导出不同的情景化结果，例如判断学习者是否已经学习了某一知识域的一般性推理规则如公式 4.3 所示：

$$\text{hasStudied} = \{ <x, y, z> \mid x\ User\_ID \wedge y\ KD\_ID \wedge z\ SP\_ID \} \qquad (4.3)$$

判断学习者在某一学习知识域中的学习时长情况，较好的推理规则如公式 4.4 所示：

$$\text{timeResult} = \{ <x, y> \mid xKD\_Time \wedge yAVE\_Time \wedge x.time > y.Standard * 1.25 \} \qquad (4.4)$$

4. 隐私与安全

近些年，信息技术和移动互联网技术的飞速发展，也带动了大数据和物联网技术在人们日常生活中的普及。情景感知系统基于泛在网络环境的同时，也具备了移动网络环境中开放性、异构性、移动性、动态性、多模式性等诸多特性，在给人们工作、生活、学习等方面带来无限便利的同时，带来了与以往的网络环境截然不同的、更加严峻的隐私与安全问题（华佳烽等，2016）。情景感知系统的实现需要更加庞杂的信息交换，因此对于用户隐私保护的需求以及隐私保护方案的制定，会随着时间、环境、场景等因素的改变而动态变化。情景感知系统中隐私保护方案的制定，在满足普适性的前提下，还需要制定适当的访问策略和建立访问控制模型来满足情景感知系统动态场景的隐私信息管控要求。

对基于情景感知技术实现的移动学习环境而言，学习者的个人信息、学习内容、学习路径、学习评价等都是需要重点进行数据安全保护的内容。基于增强型数据访问控制的网络安全技术是情景感知系统中实现隐私保护的重要机制，对于需要使用情景感知系统的应用程序，需要先提供一个具有相应权限的活动用户并登录系统服务器，系统自动识别情景感知环境中的使用者，同时根据该用户的角色赋予相应的请求权限。基于增强型数据访问控制的系统安全设置，允许集中存储用户的隐私，以确定是否向应用程序服务器授予此类权限（Wullems 等，2004）。图 4 – 11 显示了基于增强型数据访问控制的情景感知系统体系结构。

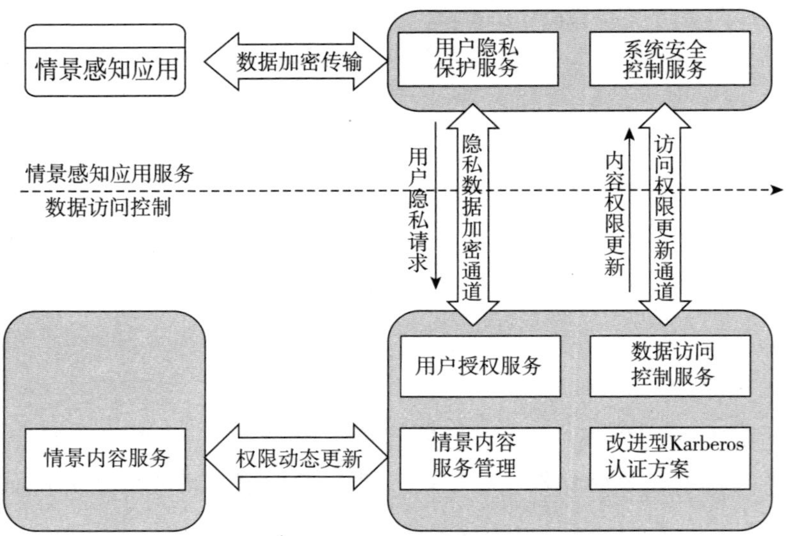

图 4 – 11　增强型数据访问控制系统体系结构

资料来源：Wullems 等，2004，*Towards Lontext-aware Security*：*an Authorization Architecture for Intemet Environments*。

在增强型数据访问控制体系中，访问控制和数据加密技术是保障情景感知系统安全的核心技术，同时情景感知环境中的社交网络属性使得感知环境可以通过用户之间的社会属性来识别不同用户间的权限信息，相应的情景感知系统中访问控制技术分为三类：基于信任（Trust-based）、基于语义规则（Semanticrule-based）和基于角色关系（Role & relationship-based）。基于信任的访问控制技术通过建立用户的信任指标进行度量和设定信任阈值，来指定用户对资源进行访问控制的权限；基于语义规则的访问控制技术利用本体来标识感知内容，并用语义网规则语言（Semantic Web Rule Language，SWRL）定义访问策略；基于角色关系的访问控制技术按照情景感知系统各用户角色的社会属性和社会关系对访问控制权限进行树形层次划分。

三种社会情景感知系统访问控制技术都有一定的局限性，当应用场景发生变化时，基于信任的访问控制技术需要不断更新信任阈值并且检验阈值的有效性；基于语义规则的访问控制技术需要对本体和规则建立专业的定义和管理机制，且当本体发生变化时，需要重新计算授予的权限；基于角色关系的访问控制技术需要建立明确的社会角色和社会关系，因此在社会角色和社会关系模糊的应用场景中并不适用。

对于数据加密技术，尽管在网络安全领域已经进行了大量实践性研究，并且在公有云环境中已经可以得到很好的安全性保障，但是在实际应用场景中仍然有大量问题需要解决。首先，加密解密操作会导致较大的计算资源消耗，特别是对资源有限且实时性要求高的感知设备会带来较大负载。其次，加密技术通常受限于某个具体加密算法的使用，不同的网络环境和加密技术在复杂的泛在网络环境中需要解决相互间的匹配和协同工作的问题，同时针对不同安全级别的数据访问控制，还需要制定合适的数据加密等级，才可以尽可能地提高整个情景感知系统的运行效率。最后，加密技术通常仅仅保护了数据的机密性，而不是真正意义上的数据隐私保护，因此，还需要从整个系统体系设计以及规则制定上提供用户隐私数据的保障措施。一方面，通信信道上的数据加密策略可以保证数据传输的机密性，抵御窃听者的窃听攻击，但是在数据传输通道的两端，数据仍会被解密成可供系统处理的内容，因此需要保障系统应用层可以安全地处理接收到的数据信息；另一方面，即使在系统应用层保证了数据的安全处理，但是在泛在网络环境中，会有不同的系统平台接入，因此对于接入系统的数据隐私保障工作，就需要从更高层面甚至是规章制度方面进行统一化的数据隐私保护处理（任雪斌等，2019）。

总之，情景感知系统中的数据隐私与安全保障是一项涉及层面多、系统性强、复杂度高的工作，不仅需要构建基于权限的数据访问控制平台，同时还需要从网络数据加密、用户隐私保障等多角度出发，来共同维护情景感知系统的安全性和可靠性。

第四节　情景感知的应用案例

情景感知技术的泛在化、个性化、智能化等特征，使得其在不同领域都得到了很好的应用和发展。下面我们就列举几个情景感知技术在不同应用场景中的典型案例，以更好地理解情景感知技术的特征和实现机制。

1. 以情景偏好为核心的移动图书馆服务

将情景感知技术与移动图书馆相结合的研究还是比较充分的，例如聂应高提出的将图书馆与移动微服务（Micro-Services）相结合的情景感知服务框架，利用微服务以用户需求为核心，依托全媒体和移动终端设备为用户提供精细化、泛在化、碎片化和个性化的信息及服务，实现对用户的精细化服务（聂应高，2018）。在具体实施阶段，由移动情景层、情景获取层、情景处理层和情景应用层等四层组成了情景感知技术与移动微服务的融合框架。其中移动情景层位于融合框架的最底层，主要包含图书馆微服务平台中有关实体情况的各类信息，如情景信息和环境信息；情景获取层由各种直接提供情景信息的传感器单元组成，移动情景信息的主要来源由部署在普适网络环境中的各种传感器提供；情景处理层主要负责移动情景信息的处理和预测，该层包含三个基本组成部分：感知信息预处理、情景状态推理和情景信息预测，物理传感器提供的感知信息在完整性和准确性上有所欠缺，因此需要首先对已经获取的情景信息进行预处理，去除冗余数据和处理逻辑冲突信息等，接下来的情景信息预测模块则是通过数据智能挖掘技术，通过当前情景和用户状态来判断后续移动情景的改变趋势；情景应用层是这个框架的最顶层，主要通过图书馆微服务的人机交互接口。图 4－12 显示的是情景感知系统在图书馆微服务的实现框架。

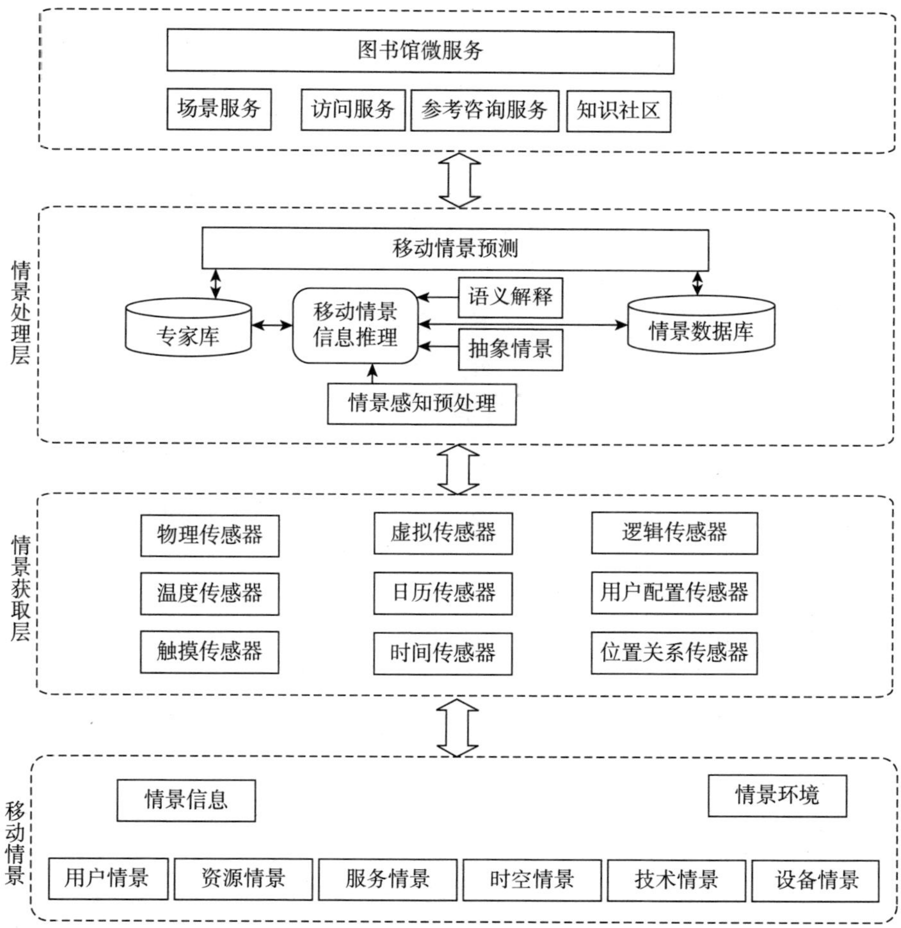

图 4－12　情景感知系统在图书馆微服务的实现框架

资料来源：聂应高，2018，《基于情景感知融合的图书馆微服务框架构建》，《图书馆学研究》第 20 期。

张继东等人则更加深入地研究了基于情景化偏好的图书馆用户行为感知，通过用户行为分解理论建立的感知模型达到提高移动图书馆服务可用性的目的（张继东、骆莎莎，2018）。文中的用户行为感知模型又分为四层，分别是数据层、处理层、生成层、输出层。数据层负责接收来自移动图书馆的用户行为信息，并进行预处理；处理层通过语义分析来预测用户的行为状态，并记录在相应的数据库中；生成层中利用权重值整合这些数据，并进行相邻匹配；最后在输出层导出结果模型预测用户可能选择的结果。图 4 - 13 显示的是基于情景偏好用户行为感知模型的分层结构。

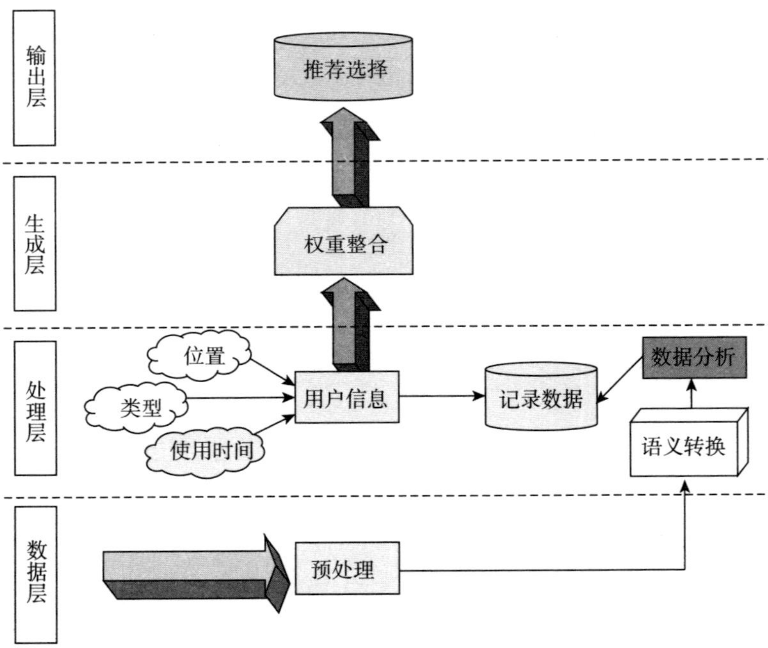

图 4 - 13　基于情景偏好的用户行为感知模型

资料来源：张继东、骆莎莎，2018，《基于情景化偏好的移动图书馆用户行为感知研究》，《情报科学》第 9 期。

在创新技术应用方面，Adrian 提出了将基于情景感知的增强现实技术应用于图书馆管理的实验，实验设计了一个基于增强现实和代理技术的 Libagent 平台来完成图书馆管理系统的建立，Libagent 可以识别粘贴在书脊上的热点数据（Tropicat data）或标记，并以此来提供相应的检索、查询书籍位置、更新图书可用性等功能，同时 Libagent 通过增强现实技术来提供移动设备与周围环境的虚拟化连接，以显示更加丰富的信息，图 4－14 显示的就是 Libagent 平台的框架结构（Shatte 等，2014）。

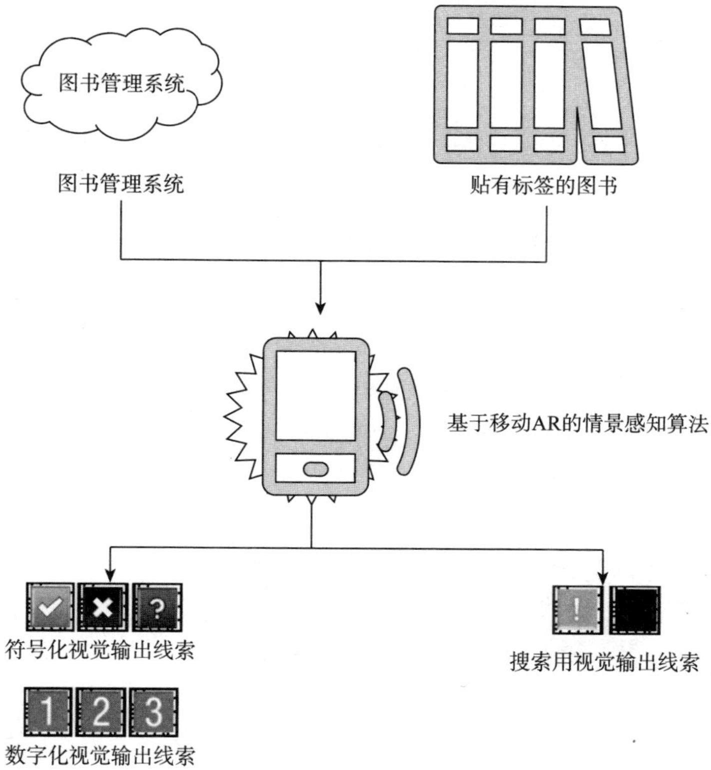

图 4－14　Libagent 系统框架结构

资料来源：Shatte 等，2014，"Mobile Augmented Reality based Context-aware Library Management System"，*Expert Systems with Applications* 第 5 期。

2. 基于微学习模式的智慧博物馆应用

博物馆非常适合情景感知技术应用。首先，博物馆通常依托物理空间存在，博物馆展品间往往有明确的区域划分，其次，博物馆是文化和知识的重要承载平台，有传播文化和知识的需要。因此在博物馆场景下搭建情景感知系统具备良好的现实基础，同时情景感知技术的引入也是提升博物馆品质及促进博物馆升级转型的重要途径。

吴子珺等人在 2017 年提出了基于情景感知微型学习模式的智慧博物馆研究，其中微型学习（Micro-learning）是指在更方便、更小巧的智能终端上进行的没有限制的，可在任何时间、任何地点进行的碎片式处理时间的一种学习方式，微型学习这一概念可以从时间、内容、课程、形式、过程、媒介、学习类型等七个维度进行界定，并将其定义为“微型学习是处理比较小的学习单元并且聚焦于时间较短的学习活动”（吴子珺等，2017）。情景感知技术在微型学习活动过程中的定位是提供给学习者一种融入真实情景的学习体验，帮助学习者在真实情景里进行意义建构，并自动过滤掉学习过程中不需要接收的知识与内容，以便给学习者提供最优质的学习环境与学习服务。情景感知系统在博物馆微型学习模式中的框架结构由智慧博物馆服务平台、情景数据读取层、情景数据分析层、学习服务智能推送层等部分组成，具体结构如图 4 - 15 所示。

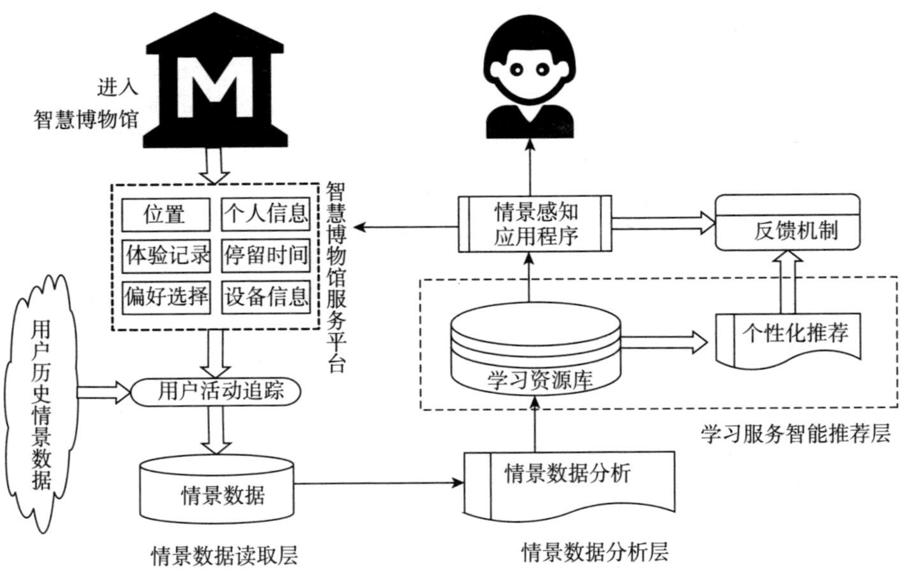

图 4 - 15　博物馆微型学习情景感知系统框架

资料来源：吴子珺等，2017，《智慧博物馆情境感知微型学习模式研究》，《科技广场》第 10 期。

在智慧博物馆中提供基于情景感知技术的微型学习平台，可以在基于物理属性的博物馆展示空间基础上，摆脱时间和地点的限制，将微型学习内容以碎片化和智能化的形式推送到终端用户面前，不仅提升了参观博物馆过程中的趣味性，同时也极大地拓宽了学习者的知识面，提升了参观效率。

国外对于情景感知技术应用于博物馆学习中的研究也已经非常充分，与博物馆场景类似，对于文化遗产的保护与学习也可以很好地利用情景感知系统来实现。Angelo 等人在 2016 年提出了基于情景推演的智慧系统在文化遗产领域的应用，文章提到了在智能设备和传感器技术不断发展的背景下，文化遗产情景中仍旧存在用户行为复杂、偏好和需求多样化的情形，因此，针对不同用户提供量身定制的情景感知服务仍旧是一个充满挑战性的研究。基于此，Angelo 等人提出了一种有效运用文化遗产场景数据，通过采集传感器数据来提供应用和服务的情景推演系统（Context Evolution System）。情景推演系统通过实例的形式管理和推演情景信息，且这种推演由发生的事件触发，并进行图形化建模（Chianese & Piccialli，2016）。这一系统已经应用于意大利那不勒斯的艺术展中，整个系统框架的核心包括参观路径生成、项目侦测、情景切换等，图 4－15 展示的就是情景推演系统的框架和实际应用的场景。

3. 基于情景感知的智慧医疗平台

情景感知技术在医疗领域的应用是非常有前景的一项研究，这其中既包括传统的医疗设备设施管理，也包括问诊、手术等环节的患者情景识别，还可以是残障人士或慢性疾病患者的辅助性和恢复性治疗活动。例如 Stefan 等人在 2018 年的文章中提出在外科手术中，通过在手术操作台上集成带有情景感知行为功能的控制台，实现具备一定实用价值的自动化手术助手。情景感知技术在其中通过对配置文件进行排序的方式，来协助内窥镜检查设备。实验的结果也显示了基于情景感知自动排序辅助的方式，效果要明显优于传统的静态配置方式（Franke 等，2018）。

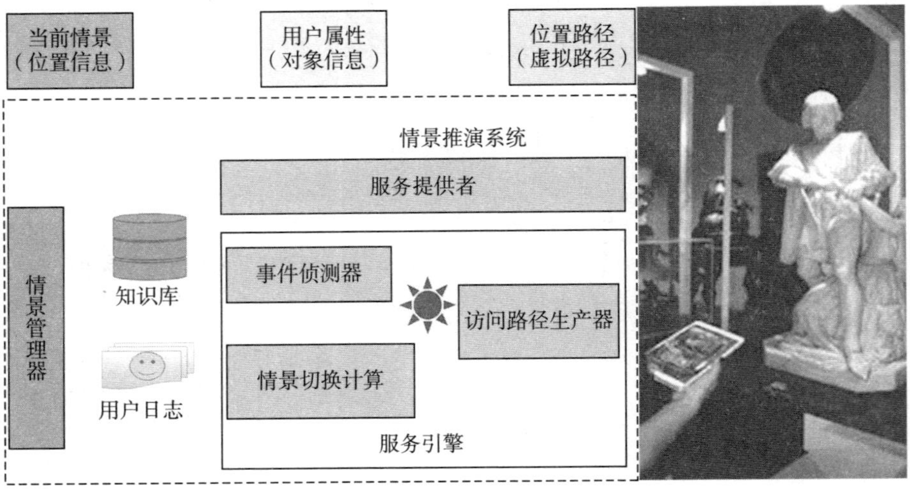

图 4－16　情景推演系统框架及实际使用场景

资料来源：Chianese、Piccialli，2016，“A Smart System to Manage the Context Evolution in the Cultural Heritage Domain”，*Computers & Electrical Engineering* 第 2 期。

Forkan 等人在 2014 年的文章中针对行动不便人士在日常生活中遇到的困难，提出了一种基于周围环境的辅助生活系统（Ambient Assisted Living，AAL），该系统由多个传感器和嵌入式设备组成，利用医疗信息和使用者周围的环境数据，共同建立情景感知环境，同时综合考虑了可穿戴式传感器在获取资源数据上的不足，实现了利用云计算环境实时辅助生活服务。并且根据用户定位信息、状态监控数据和情景信息推导等方面的复杂性，辅助生活系统提出了以服务为中心构建的 CoCaMAAL 体系，以实现情景信息的生成（Forkan 等，2014）。图 4－17 显示的是 CoCaMAAL 体系结构图，其由五个基于云环境的组件构成。

图 4－18 显示的是利用情景感知技术最终实现的辅助生活系统的数据流程框架图。

4. 以物联网为中心的智能家居系统

智能家居系统以物理空间为基础，无线传感器和物联网技术的发展和普及，使得在家庭环境中建立基于情景感知技术的智能家居环境成了

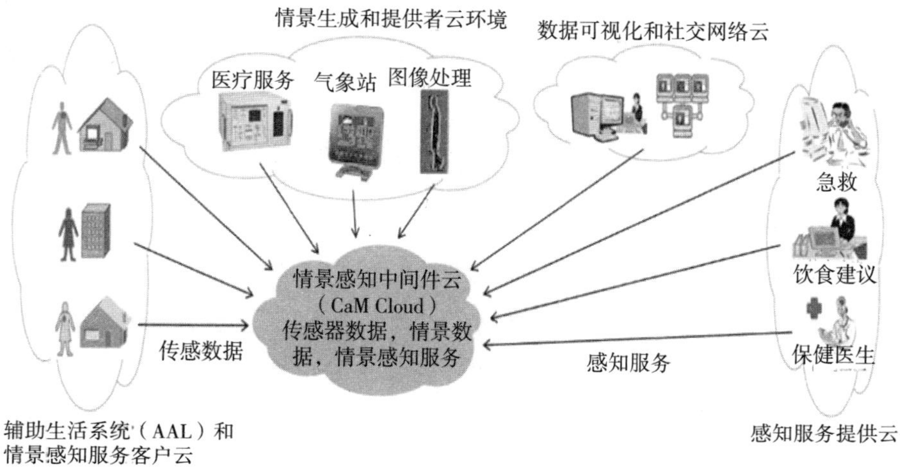

图 4－17　由五个云组件构成的 CoCaMAAL 系统

资料来源：Forkan 等，2014，“CoCaMAAL：A Cloud-oriented Context-aware Middleware in Ambient Assisted Living”，*Future Generation Computer System* 第 35 期。

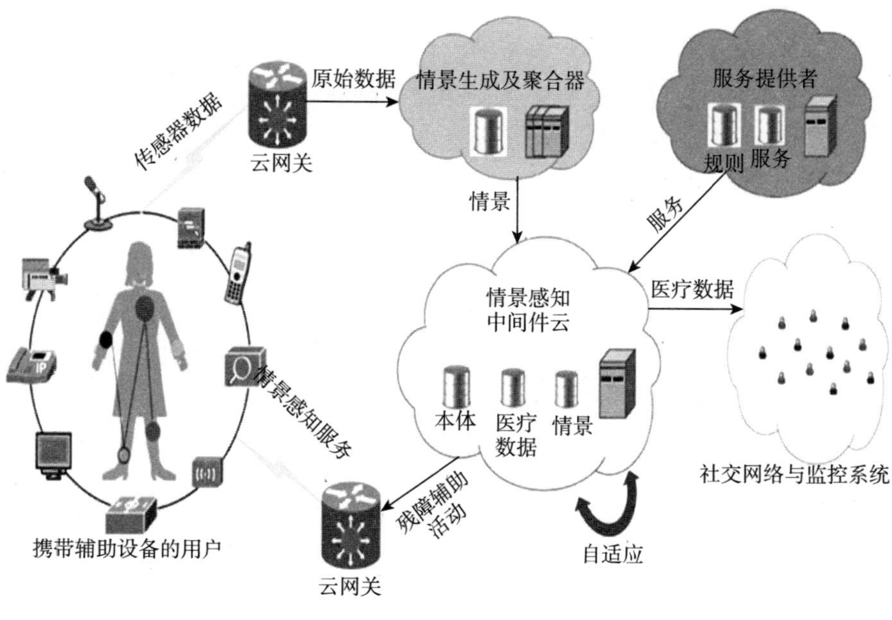

图 4－18　辅助生活系统 AAL 的数据流程

资料来源：Forkan 等，2014，“CoCaMAAL：A Cloud-oriented Context-aware Middleware in Ambient Assisted Living”，*Future Generation Computer System* 第 35 期。

可能。另外，物联网（Internet of Things，IoT）环境对于人类活动信息获取的局限，使得智能环境的搭建充满了不确定性，因此，也需要更加智能化的技术来解决现实存在的问题。

在建立基于情景感知技术的智能家居系统时，首先需要构建以传感器和网络协议为基础的情景传感器网络（Context Sensor Network，CSN），传感器网络的目的是采集智能家居中各组成部分的情景化数据，采集网络由三个部分组成，分别是针对可移动和具备实际功能的家庭用具及电器信息采集网络，针对位置信息和物理状态的家具信息采集网络，以及用于智能家居使用者的人员信息采集网络。在情景数据采集的基础上，基于活动识别的本体库及活动路径日志，建立基于定位信息的智能家居位置地图拓扑及预处理情景数据。Konlakorn 等人在 2013 年的书中设计了一种以情景传感器为基础的情景感知活动识别智能家居系统（Context-aware Activity RecognitionEngine，CARE），该系统以智能家居环境中人的活动行为作为感知数据依据，通过建立基于活动识别本体库的路径拓扑，实现家居环境的智能化应用（Wongpatikaseree，2013）。Konlakorn 提出的 CARE 体系如图 4－19 所示。

Bansal 等人在 2017 年的文章中同样提到了基于物联网情景感知（IoT-based Context-aware，ICON）的智能家居环境案例。与静态的本体库不同，ICON 系统采用了基于谓语逻辑规则的情景处理方式来提供动态、高效且个性化的情景策略。图 4－20 显示的是基于物联网情景感知系统 ICON 的框架结构，在 ICON 中包括了有形的传感器硬件设备，以及无形的情景感知计算中间件（Bansal，2017）。另外，文中还针对物联网中感知器数据分散存储和识别的特点，没有直接选择使用云计算集中存储数据的概念，而是设计了在雾计算环境（Fog Computing）中实现 ICON 系统的搭建。

综上所述，情景感知技术在不同领域中的应用都取得了较为丰硕的成果，同时也改变了人们与智能化信息系统间的交互习惯。下面我们将针对情景感知技术在语言学习，特别是本书重点研究的小语种语言学习环境的搭建中进行介绍，深入探讨先进的情景感知交互技术与传统语言教学的结合方式。

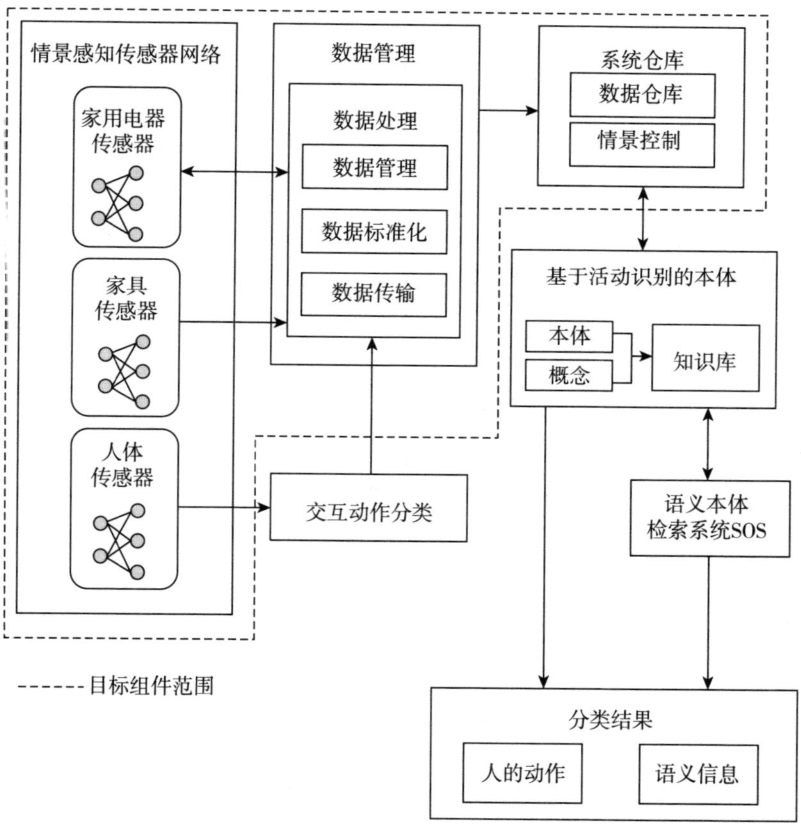

图 4－19　基于传感器网络的 CARE 智能家居体系

资料来源：Wongpatikaseree 等，2013，"Architecture for Organizing lontext-aware Data in Smart Home for Activity Recognition System"，*Distributed*，*Ambient*，*and Pervasive Interactions*。

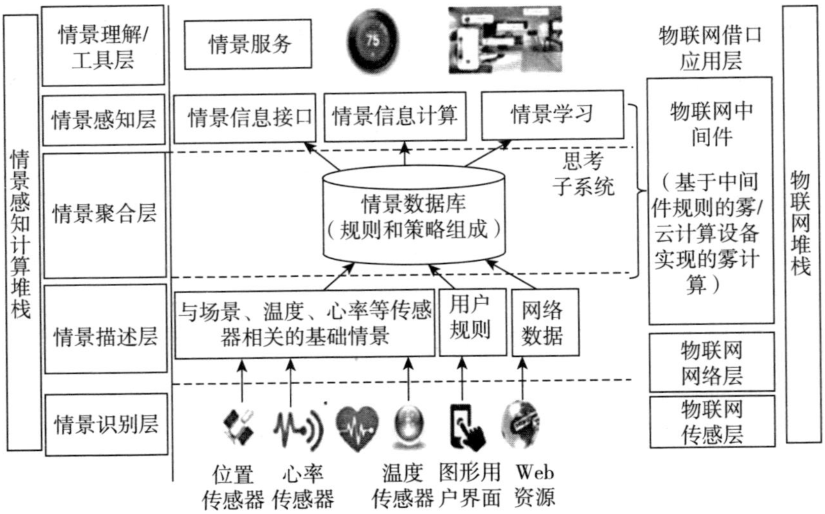

图 4－20　基于物联网情景感知的 ICON 系统框架结构

资料来源：Bansal 等，2017，“Enablement of IoT Based Context-Aware Smart Home with Fog Computing”，*Journal of Cases on Information Technology* 第 4 期。

第五章

情景感知技术在阿语学习服务中的应用

前面介绍了情景感知技术的发展历程和关键技术，接下来将要着重介绍本书的主要研究内容，即情景感知技术在小语种语言教学服务中的应用，以及教学效果的呈现。这其中既包括基于情景感知技术的学习环境搭建，以及移动学习环境中语言学习资源的设计思路，同时也通过实证研究的形式采集并分析情景感知技术对学习者语言学习过程的影响和最终学习效果。实验中我们以小语种教学中比较具有代表性的阿拉伯语教学作为实证研究的样本，阿拉伯语教学在小语种语言学习中非常具有代表性，实证研究的结果对其他小语种语言学习的研究将具有很好的借鉴意义。下面即对情景感知技术本身和在小语种语言教学中的应用模式逐一进行介绍，并从实证研究的角度阐述情景感知技术在教学活动中的意义和价值。

第一节　情景感知在移动学习中的应用

随着国内信息技术和网络环境的不断发展，特别是智能终端设备和移动互联网环境的普及，情景感知技术与教育教学活动的结合也越来越成熟，特别是在移动学习中的应用研究开始得到越来越多研究人员的关注。以“情景感知”或“情境感知”+“学习”作为关键词在中国知网①进行检索，可以检索到的相关文献数为 141 篇（截至本书编写时的 2019 年 3 月），从图 5－1 中可以看出，情景感知技术在教学活动中的研究文献发文量逐年提升，且研究体系呈现多元化和专业化的趋势。

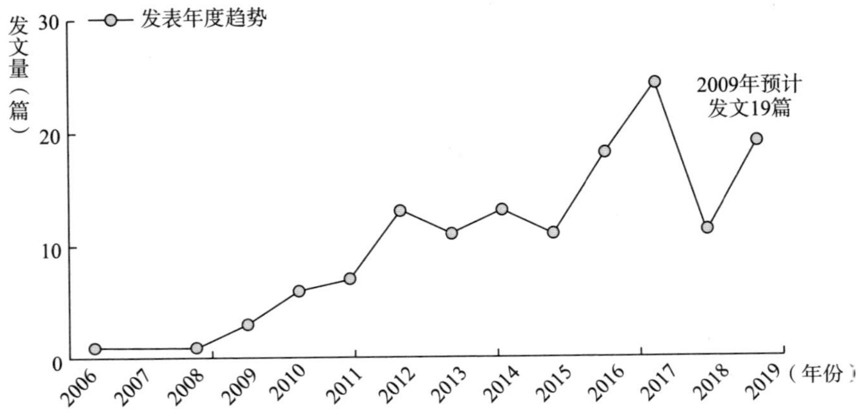

图 5－1 以“情景感知”或“情景感知”＋“学习”为关键词在中国知网检索的文献发表趋势（2006～2019）

资料来源：笔者据中国知网信息整理。

通过对检索到的这 141 篇文献进行关键词分析，可以发现在所有关键词中，“情境感知”“情景感知”“移动学习”“泛在学习”“非正式学习”等词的出现频率最高，这也从侧面说明国内关于情景感知在学习活动中的研究更多的是与移动互联网环境的结合，本书所涉及的研究内容也非常有代表性。图 5－2 显示的是我们将关键词进行数据统计，并将统计结果以可视化“词云”的形式呈现的效果，图中关键词字号的大小代表了该关键词出现频率的高低。

情景感知技术在教育教学活动中的应用，国外的研究略早于国内，

① 中国知网（cnki. net）作为国内最为权威的学术文章公开发布平台，关键词数据直接反映了不同研究领域当前的热度和发展趋势，利用中国知网平台提供的数据检索功能，可以清晰地了解国内学术环境的研究现状。

图 5－2　利用情景感知相关文献关键词生成的词云

资料来源：笔者依据中国知网数据自制。

2004 年 Ogata 和 Smailagic 等人分别在 IEEE 会议上发表文章介绍情景感知技术在泛在学习和无监督学习中的应用研究。Ogata 等人的文章中设计了一种利用 RFID 标签和 PDA 设备实现的情景感知泛在语言学习环境，并通过问卷调查采集了使用者对这种学习形式的满意度（Ogata& Yano，2004）。Smailagic 等人的文章中同样是利用物理传感器和标签匹配来实现学习情景信息的反馈，感知环境的参数包括使用者位置、附近人员与设备、日历信息与其他传感设备、移动模式与特征、用户兴趣偏好等内容（Smailagic，2004）。

国内学者对于情景感知技术在教育教学活动中的研究与国外学者基本同步。21 世纪初期，国内就已经有学者提出类似的概念。例如 2001 年华东师范大学的祝智庭教授在文章《教育信息化：教育技术的新高地》中就提到了人工智能将成为信息化教学系统的核心技术，计算机和网络技术将便于我们构建学习情境（祝智庭，2001）。2006 年的文章《学习资源应用情境的建模：实用学的技术关键》中更是深入探讨了从分布式计算到泛在式计算过程中学习情境建模技术和学习内容匹配技术（李文昊、祝智庭，2006）。

2007 年，北京师范大学的余胜泉教授在文章《从知识传递到认知建构、再到情境认知——三代移动学习的发展与展望》中对情景感知技术进行了更加系统的介绍，将基于情景感知技术的情境认知作为面向未来移动学习的关键技术提出，通过情景感知设备与情景相关群体或智能知识主体以自然的方式交互，实现共享和构建个体认知网络和社会认知网络，学习过程的情景化、按需学习、泛在化的学习资源、自然的交互学习方式和构建学习认知网络等成为情景感知技术支持下未来学习的重要特征（余胜泉，2007）。

在理论研究的基础上，也出现了大量将情景感知技术与学习活动，特别是移动学习过程相结合的案例，下面我们以语言学习案例为主简要进行介绍。李晓东等人在 2013 年设计了基于情景感知技术的移动英语学习软件，其中位置信息的确定依靠智能手机中的 GPS 定位模块，软件在 iOS 平台下开发，并与在线地图服务商的 API 接口连接，通过分析学习者所在位置来推送英语学习的情景会话语句（李晓东、张虹，2013）。廖宏建等人在 2014 年同样设计了基于位置信息的交际英语微学习系统，学习者的位置信息依旧通过 GPS 定位数据获取，微学习系统则在 Android 平台下开发，文章同时提出了建立学习者情景本体建模和领域知识本体建模的概念，为情景感知系统的智能化提供了思路（廖宏建、曲哲，2014）。黄志芳等人在 2015 年的文章中则更加关注学习路径推荐系统的研究，通过构建学习情景本体模型和学科领域本体库，将学习者情景、环境情景和应用情景相结合，情景感知适应性学习路径推荐模型中包含了情景获取、情景推理、情景信息更新合成、规则匹配、学习路径生成、学习路径推荐等组成部分（黄志芳等，2015）。李晓东等人在 2017 年将情景感知技术应用于大学英语翻转课堂（Flipped Classroom）的教学模式中，翻转课堂教学模式将知识的传授转为课下，学生自主学习教师上传的视频和文本文件，系统则在后台记录学生的学习轨迹，教师则可以在课堂上就学生学习的进度和问题进行讨论交流，以促进探究式学习和生成式学习的开展。另外文中涉及的情景感知智能软件使用C/S（客户端/服务器）模式和GPS定位，并提供基于云端的公共空间资源，从实验结果来看，基于情景感知的翻转课堂教学模式可以增强学习者之间的认知和情感互动，同时促进自主学习的开展（李晓东、王佩云，2017）。

国外对于情景感知技术在学习过程中的关注点更加多样，Richard针对学龄前儿童提出了利用便携式智能设备，实现基于情景感知的个性化移动课程资源，通过建立情景模型和课程内容管理，实现针对音视频资源的自适应匹配引擎（Tortorella&Graf，2017）。Liu等人在2014年设计了用于提高健身场馆人员英语阅读能力的泛在学习系统，其中学习活动基于自主学习（Self-Directed Learning，SDL）的概念开展，学习资源采用对话的形式进行组织，学习内容都是由与健身活动相关的语言学习资源组成，同时由于健身中心位于室内，所以需要通过使用智能手机扫描QR码的形式获取学习内容（Liu等，2014）。José等人在2013年提出了一种基于用于模型化情景信息的文本域专用语言MLContext，MLContext是一种专门为模型化情景信息而设计的文本特定域语言（Domain-Specific Language，DSL），MLContext充分利用了模型驱动开发（Model Driven Development，MDD）技术，来实现情景信息的自动生成（José等，2013）。Hung在2014年同样设计了通过扫描QR码实现的情景感知学习系统，不同之处在于Hung的学习系统中不再使用传统的文本，而是以视频资源作为学习反思的载体，并通过视频来呈现更真实合理的场景（Hung等，2014）。Wang在2017年针对非英语母语国家学习英语的情形，设计了基于情景感知技术的词汇学习策略，学习过程主要通过GPS定位信息在平板电脑上显示多个图像信息，然后学习者选择与真实场景相匹配的图片进行交互游戏并进行词汇学习，同时还可以通过点击词汇来进行发音训练（Wang& Huang，2017）。

第二节　情景感知技术在语言学习中的特点和问题

通过上面这些国内外情景感知技术与语言教学相结合的案例，可以看出情景感知技术在具体实现过程中，具备以下特点。

1. *以泛在学习教学模式为中心*

泛在学习（Ubiquitous Learning 或 U-Learning）教学模式以分布式情景认知为核心特征，它强调任何人（anyone）可以在任何时间（anytime）、任何地点（anywhere），基于任意计算设备（anything）获取任何所需学习资源（anyresource），并享受无处不在的学习体验。非正式化、情景性、社会性、高级分布式认知等都是泛在学习教学模式的重要特征。在泛在学习环境中，学习者可以在合适的时间和地点，以合适的方式为合适的学习者提供合适的知识，这为学习者提供了一种智能且无缝式的学习空间，也更加符合人类终身学习的需求（余胜泉等，2009）。情景感知技术能够为泛在学习教学模式提供必要的智能化情景支持，利用智能终端设备的情景感知功能，智能感知学习者所处的环境信息和身体状态信息等，更好地满足学习者的学习需求，实现基于真实情景的高效学习（杨现民、余胜泉，2013）。泛在学习环境可以更好地发挥情景感知技术的优势，借助泛在学习理念，情景感知技术所蕴含的普适计算、大数据分析、情景推理等关键技术能够实现物理空间和学习空间的完美结合，将情景教学法融入学习环境中去。

2. *多种定位技术的融合应用*

情景识别一直是情景感知系统搭建过程中的核心环节，在与学习环境相结合的应用中，针对课程教学内容和教学环境的差异，不同的定位技术在情景识别中也扮演着不同的角色。在已有的情景感知与教学环境相结合的案例中，使用最多的仍旧是传统的 GPS 技术和 RFID 标签识别技术。对于室外情景感知学习环境的应用，GPS 技术在定位精度、设备兼容性、使用便利性等方面一直发挥着不可替代的作用。同时，GPS 定位技术也最为贴近情景识别理念，GPS 记录下的行走路径也可以作为判断学习者学习路径的重要依据，据此还可以与学习资源推荐技术相结合实现更加丰富的功能。RFID 标签识别技术（包括类似的近场识别技术）更加适用于近距离目标的定位或识别，特别是室内物体定位或识别技术的研究，因此在室内情景感知学习环境或者是对室外 GPS 定位的补充方面，RFID 标签识别技术也被较多的情景感知学习系统所使用。为了更好地应对复杂环境中的情景识别，应该结合不同定位技术各自的优势，将多种定位信息进行融合分析，实现智能化多重定位技术，这也是更多情景感知学习系统定位技术的选择。

3. 构建基于本体的推荐系统

个性化服务是情景感知技术在语言教学中的另一项重要特征。要实现个性化服务，首先需要情景感知系统能够准确识别每一位用户，并记录和不断优化用户的偏好信息，以此实现泛在学习环境中的智能推荐服务。从已有的研究文献来看，早期的推荐策略以关键字识别为主，随着语义技术的发展，情景感知系统可以根据泛在学习环境中各角色和学习资源的状态信息，结合网络本体语言（Web Ontology Language，OWL），实现对学习者和学习资源的本体建模，并建立基于本体情景建模的智能推荐系统（李书宁，2008）。在本体库智能推荐系统的设计上，基于内容过滤推荐、协同过滤推荐以及混合过滤推荐都是比较常见的智能推荐策略（曾子明、陈贝贝，2015）。其中基于内容过滤（ContentBased Filtering）推荐需要由系统隐式地获取或者由用户显式地提供用户对内容属性的偏好，然后通过计算已知的用户偏好和预推荐内容描述文档间的匹配度，利用偏好计算的结果进行排序并推荐给使用者。协同过滤（Collaborative Filtering）推荐技术是利用当前用户或者其他相关用户对待预测内容的已知偏好数据，来预测用户对其他内容的潜在偏好，或者利用其他用户对当前内容的偏好数据来预测某一用户的潜在偏好，因此协同过滤推荐能够实现对未知情景的潜在推荐。混合过滤（Hybrid Filtering）推荐是按照预先设计的多种混合策略（如加权、混合呈现、特征组合、特征提取等）将不同的推荐技术进行综合应用的技术手段(王立才，2012)。比较而言，协同过滤推荐既可以利用使用者本身的偏好数据，又可以充分利用周围同伴的偏好信息，非常适合在社会网络情景下的学习环境中使用，因此在推荐策略中应用得比较广泛。

除了上面介绍的案例研究中涉及的情景感知技术在语言教学中的特征以外，随着技术和社会潮流的不断发展，早期研究中也存在与当前泛在化移动学习环境发展不匹配的问题，下面我们就对情景感知技术在移动学习中可以进一步改进的方面进行深入探讨。

1. 通用型混合云平台环境

早期由于网络技术和情景感知服务平台的限制，很多情景感知系统都是基于传统的客户端/服务器（包括 Client/Server 和 Browser/Server）模式开发的，这就使得情景感知系统需要同时完成服务器端和客户端环境的开发工作。泛在学习环境更加强调学习者的情景化和移动性，因此学习平台的客户端往往需要在诸如智能手机、平板电脑、个人数字助理(PDA）等不同类型的移动终端设备中运行。不同的设备类型往往又基于不同的操作系统环境，例如智能手机使用的操作系统就分为 iOS、Android、Windows Phone 等系统，即使是同一操作系统环境下，智能手机和平板电脑由于屏幕尺寸和分辨率的不同，应用程序在设计上也要有所不同。在这样的背景下，受到时间、资金、技术等的限制，大部分情景感知学习环境往往只能针对特定的移动终端环境开发相应的学习软件，例如前面介绍的 Hung 等人开发基于视频的情景感知学习环境是基于 Windows Phone 平台，李晓东等人设计的用于大学英语翻转课堂的情景感知学习环境则是基于 Android 平台的。传统的情景感知学习系统往往依赖于开发环境所处的操作系统平台和特定的移动终端设备，这使得整个学习系统的开发需要在应用程序框架的搭建上耗费大量时间和精力，同时开发好的程序往往又不具备跨平台兼容的特性，因此经常需要对同一应用进行重复开发，极大地增加了学习系统的开发难度，也造成了较大的资源浪费。而类似于 Java 这样的技术开发的跨平台 Browser/Server 模式应用，则由于较低的运行效率、较多的功能限制和在智能手机上有所欠缺的兼容性，而没有得到普遍采用。

近些年云计算技术的发展和普及，为情景感知系统的开发工作提供了新的空间。云计算这一概念有多种定义，我们可以认为云计算是一种动态易扩展的，且通常是通过互联网提供虚拟化服务的资源计算方式，用户不需要了解云内部的细节，也不必具备云计算领域的专业知识或直接操作的基础设施，只需使用云环境中提供的各种资源和服务即可（吴吉义等，2009）。我们将云计算中所有资源都存放于互联网的情况称为公有云，在一个企业或区域内部搭建和存储云资源的情况称为私有云。比较而言公有云在维护和使用方面最为省心，项目实施的性价比也最高，但同时公有云存在一定的安全隐患，特别是可能出现数据丢失和隐私泄露问题，尽管科研人员进行了很多云安全方面的研究，但是仍旧无法从根本上解决这一问题。而私有云由于所有数据都保存在本地局域网中，因此可以更好地保障数据的安全，但是私有云的搭建和维护成本较高，同时使用的便捷性也远不如公有云。公有云和私有云既有各自的优点和特色，也存在难以避免的种种不足，因此结合公有云和私有云各自的优势，又发展出来混合云环境。混合云保留公有云的框架，继承公有云高度的可扩展性和共享性，同时将关键业务和敏感数据存储在局域网服务器中，通过 OAuth 授权模式实现数据的连接和共享操作，以最大限度地避免被人们所诟病的数据安全问题（田嵩、魏启荣，2014）。

在混合云平台环境中，公有云环境作为用户管理和内容呈现的平台，可以很好地解决烦琐的用户管理操作和复杂的跨平台数据共享问题，情景感知应用程序的运行可以不再受限于智能终端设备所使用的操作系统平台，同时还可以将学习者的偏好信息和学习资源存储在本地服务器中，以解决敏感信息的数据安全问题。图 5－3 显示的就是结合了公有云和私有云特点的混合云平台环境的概念图。

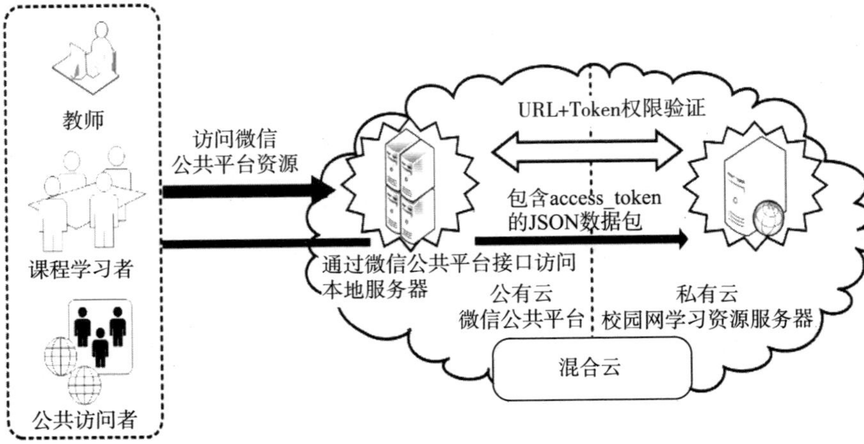

图 5－3　混合云平台环境概念图

资料来源：田嵩、魏启荣；2014，《混合云模式下移动学习环境的设计与实现——以微信公共平台下阿拉伯语课程学习为例》，《开放教育研究》第 6 期。

2. 智能化定位识别技术

物体定位和状态识别长期以来都是情景感知系统搭建过程中的核心技术，只有准确地识别情景感知学习环境中学习者和学习对象间的相互位置关系和学习状态，才能够进一步实现学习内容的智能推荐。对于在室外进行的情景感知学习活动，我们通常使用 GPS 和 A－GPS 技术作为位置定位的依据，但是 GPS 技术本身存在的不足也限制了其在情景感知学习环境中的广泛使用。首先，GPS 信号容易受到多种因素的干扰，如轨道误差、太阳光压、恶劣天气、电离层、对流层延迟等，使得 GPS 定位精度普遍不高，我们使用的民用级 GPS 信号通常会有 10～20 米的误差（常庆生等，2000）。其次，遇到云层过厚或建筑物遮挡时，经常会出现 GPS 信号丢失的问题，GPS 定位的可靠度难以保证。此外，就是 GPS 技术主要应用于户外定位的场景，而室内通常无法接收到 GPS 信号，即使有 A－GPS 这类基于基站位置的三角定位技术，也难以保证室内定位的精度。因此，除了少数特定的户外学习案例中使用 GPS 技术作为情景感知系统的定位技术外，绝大部分情景感知学习环境都难以利用 GPS 和 A - GPS 技术，特别是对于狭小空间中的室内物体定位问题，还需要有其他的解决方案。

对于大部分室内学习场景来讲，不仅难以依靠成熟的户外位置定位技术，还面对更加复杂的室内学习物体摆放位置接近，空间关系复杂的问题。因此大部分室内应用的情景感知学习环境，通常并不会把地理位置的定位放在首位，而是主要识别学习者当前的学习目标或接近的学习物体，并以此来规划学习路径，这一过程中通常会使用以蓝牙、RFID、NFC、WLAN 等为代表的近场识别技术。例如 Hwang 等人设计的在科学公园中利用情景感知泛在学习实现的认知活动中就使用了 RFID 标签识别技术，学习者将智能终端设备靠近贴有 RFID 标签的学习物体，就可以实现情景定位和学习内容推送（Hwang 等，2012）。Mark 设计了基于蓝牙 Beacons 技术[①]的户外语言学习系统，使用者通过蓝牙识别自动获取分布于城市中的语言学习内容，实现真实情景化的语言学习系统（Mark & Alice，2015）。再比如 Chen 等人设计的 PCULS（PersonalisedContext-aware Ubiquitous Learning System）系统，则可以通过 WLAN 无线网进行三角定位，实现室内和近距离户外的情景定位，完成英语词汇的学习活动（Chen & Li，2010）。

蓝牙、RFID 等技术可以很好地解决室内定位的问题，但是在用这类技术开发情景感知系统时，也存在一些不足。首先，室内定位技术以近场识别技术为主，通常需要标签识别设备的支持，一方面需要花费资金购买标签发射器，另一方面也需要智能终端设备具备读取这些标签的功能，这就限制了近场识别技术的应用场景。其次，不同的近场识别技

① Beacons 技术：Beacons 技术可以通过移动设备上的蓝牙发射器向周围环境广播自身的唯一身份标识 ID，放置于周围环境中的蓝牙接收器即可捕获到 ID 数据并采取相应的身份识别和反馈操作。另外，通过对接收到信号的强度进行判断或进行三角定位计算，也可以估算 Beacons 发射装置与接收器之间的距离。

术往往需要针对不同平台开发相应的数据接口，使得情景感知系统整体开发难度和工作量增加，在进行跨平台环境开发时，这一问题更加明显。除了传统的近场识别技术之外，近些年出现了越来越多使用条形码识别技术进行室内外定位或物体识别，以实现感知识别的情景感知系统案例。

早期的一维条码由于只能承载较少的数据信息，因此只有部分场景（如零售业中的商品标识）中还在使用。二维条码利用黑白相间的图形标记可以记录更加丰富的数据信息，并且可以很好地匹配计算机内部逻辑中的二进制“0”和“1”比特流信息，因此可以实现计算机的快速识别和编解码（李俊宏、湛邵斌，2009）。二维码有多种编码方案，但是解码的过程并不复杂，这就使得大部分二维码的编码图案，都可以通过常见的智能终端设备快速地识别操作。正是因为二维码技术在信息存储和快速识别上的优势，且实现二维码应用的技术难度和资金要求非常低，基本不需要安装专用的识别标签和读取设备，使得越来越多情景感知系统在学习情景识别方面采用了二维码技术。例如 Liu 设计了一个利用智能手机扫描二维码及通过摄像头实现增强现实效果的英语语言泛在学习系统，学习者使用智能手机摄像头扫描粘贴于不同区域物体上的 PDF417 堆叠式二维条码，实现学习情景的建立和学习活动的开展（Liu，2009）。Wang 设计了一个基于绿色建筑环境的语言学习 GBELA 应用，其中情景感知系统基于二维码识别技术，学习者通过扫描 QRCode 码来观看学习视频，学习者对整个系统的易用性和有用性都给出了较高的评价（Wang 等，2019）。

综上所述，传统的 GPS 和近场定位技术都可以很好地解决情景感知系统中使用者位置定位和物体识别问题，并且都有非常成熟的应用案例。但是对于泛在学习活动，特别是在室内狭小空间开展的学习活动来讲，空间场景以及学习环境搭建成本上的限制，使得这些传统定位技术的使用会阻碍情景感知技术的更好普及。二维码识别技术不需要额外的硬件设备投入，就可以很好地解决学习场景中学习对象的定位问题，同时现有技术的发展使得绝大多数智能终端设备都可以方便快速地进行二维码数据的读取工作，因此二维码识别技术非常适合用作泛在学习环境中学习场景的识别技术，通过在系统后台建立学习者与环境对象间的智能关联，更是可以实现基于二维码的智能化情景定位识别。

3. 自动匹配的多语言支持环境

情景感知技术与语言教学相结合的应用案例，绝大部分还是基于传统的英语语言学习。从技术角度来讲，情景感知技术在不同语言教学之间的应用没有本质上的区别，只要将英语教学资源转换成对应的其他语言教学资源即可，但是在实际的学习系统开发过程中还是有很多需要注意的问题。

首先，不同语言教学活动需要的教学资源是不同的。英语是世界上使用最为广泛的语言之一，相应的英语教学资源也是最为充分的。但是我们研究中所涉及的小语种，由于文化背景、地理因素、宗教习惯等的不同，教学场景的搭建往往要付出更多的努力。以阿拉伯语为例，国内大部分阿拉伯语专业学生在进入本科阶段培养前都没有接触过阿拉伯语及阿拉伯文化，因此不仅阿拉伯语本身对于学习者是一门完全崭新的语言，同时文化背景的欠缺也导致学生开始学习阿拉伯语时困难重重。教师在针对初学者教学时，希望能够建立相应的教学情景，比如将伊斯兰建筑、服饰、美食等融入教学活动中，但是在实际的教学活动中往往受限于教具的不足，只能通过幻灯片图片、小视频的形式进行辅助教学。

其次，早期的计算机系统和移动终端设备对多语种的支持有限。例如早期的 Windows 平台必须安装语言包才能够正确显示阿拉伯语，输入阿拉伯文字也需要安装额外的输入法插件。在传统的网站设计中，如果没有指定明确的字符编码方案，网页浏览时也会出现乱码。这些问题都使得早期非英语编码的教学资源在制作时更加困难，教师不仅需要掌握不同语种的编码方案，还需要学会安装正确的语言包插件。进入移动互联网时代，对多语种的支持有了很大的改善，特别是 iOS 和 Android 平台在设计之初，就面向全球用户市场，因此对于多语种兼容性问题的考虑也更为全面。现在大部分智能终端设备都可以正确显示多语种文字内容，也可以方便地添加常见语言的输入法。在网络教学资源的实际开发工作中，我们也发现仍旧存在文字资源在智能终端设备上显示乱码的现象，经过排查，这通常是由教学资源制作人员没有使用合适的编码方案（如 UTF-8 编码）或网络传输过程中不同服务器平台间字符编码转换所导致的。因此，在情景感知教学系统开发过程中，采用基于云环境的统一服务平台进行系统建设，可以在一定程度上保证多语种环境下文字信息的正确编码与显示。

再次，就是阿拉伯语所特有的显示问题，即文字从右向左显示。阿拉伯语是当今世界上为数不多的仍在使用从右向左书写和显示的语言，早期计算机系统对于文字显示方向并没有做智能优化，所以多语种文字同时显示时，会出现阿拉伯语文字输出位置异常、排版混乱的情况。iOS 和 Android 平台同样对这一问题做了很好的优化，只要能够避免将阿拉伯语文字和其他语种文字放置于同一段落中，智能终端设备上基本不会出现文字排版错误的情况。

最后，还有一点要指出的是，阿拉伯语对书法艺术的重视。阿拉伯语书法（Arabic Calligraphy）不仅是一种特殊的艺术形式，同时还带有典型的民族艺术和宗教背景特征。阿拉伯语书法的内容，多选取《圣训》《古兰经》中的优秀语句来进行书法创作，大都语言优美，具有深刻的思想，能够充分调动创作者的积极情绪，因此阿拉伯语书法也是学习阿拉伯文化的重要途径（龙凯音、王婧婧，2014）。阿拉伯语书法艺术不仅注重书法画面的展示，同时也需要特殊的书写工具和笔法运用，这些往往都难以通过文字形式展现出来。因此，在设计相应的教学资源时，需要配合使用图片、动画等形式进行综合呈现。图 5-4 显示的就是阿拉伯语书法工具和书法作品（Meliha，2014）。

a）阿拉伯语书法工具　　　　b）私人收藏的阿拉伯语书法作品

图 5－4　阿拉伯语书法工具和书法作品

资料来源：a）https://en.wikipedia.org/wiki/Arabic_calligraphy，b）Meliha，2014，"Figural RepresSentation in the Arabic Calligraphy"，*Epiphany* 第 2 期。

第三节　基于混合云的情景感知语言学习环境建设

通过对情景感知技术和泛在语言学习环境的分析，特别是国内智能手机和混合云支持框架发展特点的总结，我们提出了以公有云平台为用户接口及应用资源层，局域网内私有服务器为预处理及推理层的混合云模式情景感知泛在语言学习框架。

公有云平台作为面向终端使用者的重要环节，既可以保障情景感知泛在学习系统良好的系统兼容性，同时也避免了耗费大量精力去开发成熟的应用前端人机交互界面，利用成熟的公有云平台在一定程度上还可以更好地保护用户隐私和系统安全。在公有云平台的选取上，我们应该充分考虑该平台的普及性和用户的使用习惯，特别是如果公有云平台可以依托主流 App 应用，那么就可以省去部署和安装新 App 的麻烦，另外用户的使用习惯和偏好往往也直接影响泛在学习环境的使用效果。因此，我们最终选择了微信应用作为情景感知泛在学习系统的公有云环境基础。通过对微信应用进行深入细致的分析，我们总结出微信应用在如下几方面具有不可替代的优势。

1. 兼容性好、普及率高，且系统安全性强

微信应用是国内智能手机用户安装量和使用量最高的软件，巨大的装机量使得微信应用在不同系统平台下都保持了良好的兼容性，同时作为一款出色的免费商业软件，其系统运行的稳定性和安全性也能得到很好的保障。另外微信应用还集成了便于发布信息的微信公众平台，使得信息获取的渠道更加丰富。表 5－1 是对北京第二外国语学院阿拉伯语专业学生共 110 人所做的智能手机使用情况问卷调查，从问卷调查的结果可以清晰地看出所有学生都在使用智能手机和微信应用，并且微信公众平台的使用率也非常高，因此，微信应用非常适合作为情景感知泛在学习系统的公有云端平台。

表 5－1　智能手机使用情况数据（总人数：110 人）

单位：%

<table>
<tr><th>项目</th><th>备选项</th><th>结果</th><th>百分比</th><th>备注</th></tr>
<tr><td rowspan="2">性别</td><td>男</td><td>30</td><td>27</td><td rowspan="2"></td></tr>
<tr><td>女</td><td>80</td><td>73</td></tr>
<tr><td rowspan="2">是否在使用智能手机</td><td>是（包括 iOS、Android、Windows Phone 等系统平台）</td><td>110</td><td>100</td><td rowspan="2">所有学生都在使用智能手机</td></tr>
<tr><td>否（非智能手机包括传统的按键式手机）</td><td>0</td><td>0</td></tr>
<tr><td rowspan="3">智能手机的操作系统</td><td>iOS 苹果手机系统</td><td>48</td><td>44</td><td rowspan="3">iOS 和 Android 系统使用比例接近</td></tr>
<tr><td>Android 谷歌安卓系统</td><td>56</td><td>51</td></tr>
<tr><td>使用多个手机及不同类型操作系统</td><td>6</td><td>5</td></tr>
<tr><td rowspan="2">手机中是否安装微信应用</td><td>是</td><td>110</td><td>100</td><td rowspan="2">所有手机中都安装了微信应用</td></tr>
<tr><td>否</td><td>0</td><td>0</td></tr>
<tr><td rowspan="3">“微信”的频率如何</td><td>每时每刻都在用，生活已经离不开“微信”了</td><td>88</td><td>80</td><td rowspan="3">微信应用的使用频率非常高</td></tr>
<tr><td>每天偶尔用几次</td><td>22</td><td>20</td></tr>
<tr><td>很少使用</td><td>0</td><td>0</td></tr>
</table>

续表

项目	备选项	结果	百分比	备注
你关注微信公众号并阅读其中的消息吗?	我关注了很多微信公众号，并几乎浏览了每个公众号中的消息	10	9	绝大部分同学都知道并阅读微信公众号中的消息
	我关注了很多微信公众号，并浏览了部分公众号中的消息	62	56	
	我关注了几个微信公众号，偶尔浏览其中的内容	37	34	
	我知道微信公众号，但是从没有关注过	1	1	

资料来源：笔者自制。

2. 符合用户使用习惯，且满足学习资源呈现要求

从表 5－1 中还可以看出微信应用和微信公众平台在学生中的使用率非常高，从实际生活经验也可以看出，大部分人每天都在使用微信，对微信中的各种操作非常熟练，因此，将微信作为情景感知泛在学习系统的用户接口层非常符合使用者的操作习惯，这也在一定程度上避免了应用前端不成熟的设计和复杂的用户交互界面导致的影响学习效果问题。

微信应用中集成的微信公众平台是一个综合性的信息发布平台，微信公众平台需要借助微信公众号实现信息发布，公众号又分为订阅号、服务号和企业号几类。其中订阅号主要用于为用户发送消息，申请成功后每天可以推送一条消息；服务号主要用于服务交互，认证后每个月可发送 4 条消息；企业号主要用于公司内部，需要验证企业身份才可以正常使用（韩娟娟，2015）。对于个人用户来讲，我们能够申请的公众号类型只有订阅号和服务号，订阅号每天都可以推送一条消息，但是可以使用的数据访问权限较少，服务号尽管受到群发消息数量的限制，但是能够拥有更多的数据访问权限。无论是订阅号还是服务号，在微信公众平台的管理界面中都可以通过素材管理的方式建立需要的学习资源，对于常见的多媒体学习资源，如图片、音频、视频等，微信公众平台也都能够提供很好的支持。如图 5－5 所示即为在微信应用中浏览阿拉伯语

学习资源的界面截图，可以看到智能手机可以同时显示不同语种的文字内容，同时阿拉伯语文字也会自动从右到左进行排列。

图 5－5 智能手机微信应用中浏览阿拉伯语学习资源界面

资料来源：微信公众平台中阿拉伯语学习资源截图。

3. 提供全面的数据接口，便于混合云模式实现

微信应用另一个重要的特征就是提供了丰富的外部数据接口，利用微信应用数据访问接口，可以实现第三方应用程序接入微信数据平台，共享微信公有云端数据资源的功能，进而实现跨平台混合云模式的应用开发。微信应用支持 OAuth 2.0 开放授权协议，OAuth 2.0 的作用就是允许第三方应用在用户授权下获取该用户在某一网站或应用平台中的个人账户信息，如用户名、用户头像、用户性别等（吴冬晨，2016）。OAuth 开放授权协议在使用过程中会建立专门的加密链接，并通过授权令牌方式传递用户数据，因此可以避免用户名和用户密码泄露的风险（田嵩、雷东升，2013）。

具体到微信应用来讲，其支持的 OAuth 2.0 协议版本，可以使我们

在开发情景感知泛在学习系统的同时，将用户的管理和登录过程交给微信应用，通过学习者授权的方式获取个人用户的基本信息，并以此作为个性化学习情景建立的依据。在微信应用 OAuth 2.0 协议中，允许获取一个网页授权特有的接口调用凭证（即网页授权用的 access_token），再通过网页授权 access_token 即可获取诸如微信用户基本信息在内的数据内容。这样，利用 OAuth 2.0 协议就可以允许用户授权第三方网站访问他们存储在公共云服务提供者上的数据信息，而不需要分享他们的访问许可或数据的所有内容（王涛，2014）。

微信的 OAuth 2.0 协议通过提供一个令牌来实现第三方网站的授权访问，这里需要利用微信公众平台提供相应的数据接口，先申请一个微信公众号。微信公众号又分为订阅号、服务号和企业号，其中企业号不适用于个人用户，因此一般用户通常申请订阅号或服务号。微信公众号中的服务号可以获取更多的访问接口，结合情景感知泛在学习系统的需要，我们要通过网页代码去获取微信公众平台提供的微信用户基本信息，因此最终选择申请服务号以满足 OAuth 2.0 授权模式的需要。

在使用微信 OAuth 2.0 协议进行授权时，需要提供微信公众号唯一的 appID 和 appsecret 参数，以及接受授权回调页面的域名，这一域名即为本地情景感知服务器申请的不带 http 前缀的域名（微信公众平台，2018）。

利用微信应用获取 OAuth 2.0 协议授权的具体流程分为四个阶段。

（1）引导用户进入授权页面，点击同意授权按钮的同时获取 code 码。

微信用户需要先关注相应的微信公众号，这一步直接让学习者使用微信应用扫描课程学习微信公众号的二维码即可。然后再访问泛在学习资源时即可自动引导学习者先访问相应的授权作用页面，所请求的授权页面构造代码结构为：https://open.weixin.qq.com/connect/oauth2/authorize?appid=APPID&redirect_uri=REDIRECT_URI&response_type=code&scope=SCOPE&state=STATE#wechat_redirect，代码中各关键词含义见表 5－2。

表 5－2　OAuth 2.0 授权构造页面代码参数说明

参数名	是否必须	说明
appid	是	公众号的唯一标识
redirect_uri	是	授权后重定向的回调链接地址，请使用 urlEncode 对链接进行处理
response_type	是	返回类型，填写 code
scope	是	应用授权作用域，snsapi_base（不弹出授权页面，直接跳转，只能获取用户 openid），snsapi_userinfo（弹出授权页面，可通过 openid 获得昵称、性别、所在地。并且，即使在未关注的情况下，只要用户授权，也能获取其信息），情景感知系统中选择使用 snsapi_userinfo 参数
state	否	重定向后会带上 state 参数，开发者可以填写 a－zA－Z0－9 的参数值，最多 128 个字节
#wechat_redirect	是	无论直接打开还是做页面 302 重定向，都必须带此参数

资料来源：微信公众平台，2018，《微信网页授权》，https://mp. weixin. qq. com/wiki? t = resource/res_main&id = mp1421140842。

为了保证情景感知泛在学习系统更好地识别学习者的情景信息，授权代码中的 scope 选择使用 snsapi_userinfo 模式，图 5－6 显示的是通过微信扫描二维码的形式打开的 OAuth 2.0 授权页面，其中需要学习者点击允许才能让第三方网站获取该微信用户的基本信息。

当用户点击同意（英文系统自动显示为 Allow）按钮后，授权页面将自动跳转到 redirect_uri/? code = CODE&state = STATE 链接处，其中 code 码将作为换取 access_token 的依据，且 code 码只能使用一次，再次使用需要重新获取，这也就在一定程度上保证了授权页面不会受到 DDoS① 类的恶意攻击。

（2）通过 code 码换取网页授权 access_token 的 JSON 数据包。

① DDoS 全称是 Distributed Denial of Service，中文名称为分布式拒绝服务，是网络攻击中最为常见的一种。通常 DDoS 攻击由多台计算机组成分布式攻击平台，然后对同一台服务器进行大规模海量数据的网络连接攻击，从而导致目标服务器对正常的服务请求失去响应甚至导致服务器出现严重故障。另外，DDoS 攻击也可以用于暴力破解目标服务器密码，一旦密码泄露，极易造成无法挽回的数据损失。

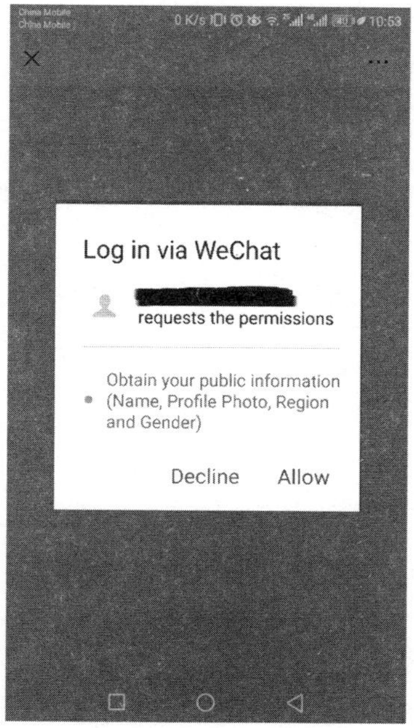

图 5 - 6　基于微信的 OAuth 2.0 授权页面

资料来源：微信应用内截图。

在第二步中需要通过前面获取的 code 码换取一个特殊的网页授权 access_token 令牌，其中获取 access_token 令牌的页面构造方式为：https://api. weixin. qq. com/sns/oauth2/access _ token? appid = APPID&secret = SECRET&code = CODE&grant_type = authorization_code，页面代码中关键词的含义见表 5 - 3。

表 5 - 3　access_token 令牌获取的构造页面代码参数说明

参数名	是否必须	说明
appid	是	公众号的唯一标识
secret	是	公众号的 appsecret
code	是	填写上一步中获取的 code 参数
grant_type	否	必须填写为 authorization_code

资料来源：微信公众平台，2018，《微信网页授权》，https://mp. weixin. qq. com/wiki? t = resource/res_main&id = mp1421140842。

通过正确的 access_token 令牌页面构造代码就可以从微信服务器端获取返回的 JSON 数据包，数据包结构如图 5－7 所示。其中 access_token 是网页授权接口的调用凭证，要注意的是这里的 access_token 与微信公众平台中的基础 access_token 不同；expires_in 后面的数字代表 access_token 接口调用凭证的超时时间，单位是秒；refresh_token 指的是用户刷新 access_token；openid 后面的内容是授权用户的唯一标识，即使未关注公众号，用户访问公众号的网页也会产生一个用户和公众号唯一的 openid 作为标识；scope 代表的是用户授权的作用域，用逗号分隔。

```
{
    "access_token":"ACCESS_TOKEN",
    "expires_in":7200,
    "refresh_token":"REFRESH_TOKEN",
    "openid":"OPENID",
    "scope":"SCOPE"
}
```

图 5－7　通过 access_token 令牌获取到的 JSON 数据包

资料来源：微信公众平台，2018，《微信网页授权》，https://mp.weixin.qq.com/wiki?t=resource/res_main&id=mp1421140842。

（3）通过 refresh_token 来避免网页授权 access_token 过期。

access_token 令牌的有效期较短，如果遇到 access_token 超时的情况，可以利用 refresh_token 进行刷新。refresh_token 有效期为 30 天，可以更好地匹配系统需求。获取 refresh_token 令牌的程序代码是：https://api.weixin.qq.com/sns/oauth2/refresh_token? appid = APPID&grant_type = refresh_token&refresh_token = REFRESH_TOKEN，其中 appid 是微信公众号的唯一标识，grant_type 需要填写为 refresh_token，refresh_token 后面的内容则填写为 access_token。

（4）通过网页授权 access_token 和 openid 获取用户基本信息。

到了最后一步，即通过 access_token 和作为用户唯一标识的 openid

来获取微信用户的基本信息，具体的请求用户基本信息代码格式为：https://api. weixin. qq. com/sns/userinfo? access_token = ACCESS_TOKEN &openid = OPENID&lang = zh_CN。这里首先要注意的是使用 http：GET 的方法，并且必须使用 https 安全协议，access_token 是前面获取的网页授权令牌，openid 是前面获取的微信用户唯一标识，lang 则代表使用的语言版本，如 zh_CN 为简体中文，zh_TW 为繁体中文，en 为英语。正确的返回 JSON 数据包内容如图 5 - 8 所示，其中各参数的具体含义如表 5 - 4 所示。


```
{
    "openid":" OPENID",
    "nickname": NICKNAME,
    "sex":"1",
    "province":"PROVINCE"
    "city":"CITY",
    "country":"COUNTRY",
    "headimgurl":
"http://computer.bisu.edu.cn/mmopen/g3MonUZtNHkdmzicIlibx6iaFqAc56vxLSUfpb6
n5WKSYVY0ChQKkiaJSgQ1dZuTOgvLLrhJbERQQ4eMsv84eavHiaiceqxibJxCfHe/46",
    "privilege":[ "PRIVILEGE1" "PRIVILEGE2"     ],
    "unionid": "o6_bmasdasdsad6_2sgVt7hMZOPfL"
}
```


图 5 - 8　包含用户基本信息的 JSON 数据包内容

资料来源：微信公众平台，2018，《微信网页授权》，https://mp. weixin. qq. com/wiki? t = resource/res_main&id = mp1421140842。

表 5 - 4　包含用户基本信息的 JSON 数据包各参数说明

参数名	详细说明
openid	用户的唯一标识
nickname	用户昵称
sex	用户性别，为 1 时是男性，为 2 时是女性，值为 0 时是未知
province	用户资料中填写的省份
city	用户所在城市

续表

参数名	详细说明
country	用户所在国家
headimgurl	用户头像信息，最后一个数值代表正方形头像大小（有 0、46、64、96、132 数值可选，0 代表 640 ×640 正方形头像），用户没有头像时该项为空
privilege	代表特殊权限的用户信息
unionid	只有在用户将公众号绑定到微信开放平台账号后，才会出现该字段。unionid 用于区分同一微信平台下不同应用中用户的唯一性

资料来源：微信公众平台，2018，《微信网页授权》，https://mp. weixin. qq. com/wiki? t = resource/res_main&id = mp1421140842。

通过对最终获取的 JSON 数据包进行分析，就可以判断通过二维码访问当前网页的用户身份信息，将不同微信用户访问的学习资源数据记录下来，即可以此作为建立用户情景的重要依据，再通过本地服务器建立情景推理模型，就可以实现基于混合云模式的情景感知泛在学习系统。

4. 具备社交网络属性，能够为泛在学习提供有力支持

社交网络属性是微信应用的另一项可以适用于泛在学习的重要特色，除了微信应用本身支持的一对一聊天以外，实时对讲、多人群聊、微信公众号等功能更是大大提高了微信应用对社交网络应用的支持。例如微信中的语音文本交互和群聊方式，可应用于协作学习、小组学习、教师学生之间的交互沟通；微信公众平台的信息聚合与推送功能，可用于开发课程内容的订阅推送功能和自动回复响应，为学生提供学习内容的发布和检索服务；利用微信开放平台的 API 接口，可以在不同的移动学习应用中进行内容分享，在学习者之间更方便地实现资源共享（王萍，2013b）。从博客（Blog）、微博（MicroBlog）、维基百科（Wiki）、RSS 订阅、QQ 聊天，到社交网络（SNS）、微信、短视频（Vlog）等，各种创新型互联网应用的产生和发展引发了人们对数字媒体的不断革新，特别是人与人之间的交流习惯也发生了重要改变。社交网络应用以

极高的用户参与度和虚拟化社交模式，带来了信息和知识传递路径的重要变革，“碎片化”的阅读习惯使得人们的学习范式发生了极大的改变。

基于微信应用实现的移动学习模式并不仅仅是学习载体的网络化和学习内容的数字化，更重要的是能够通过微信应用的社交网络属性建立泛在学习情景，将学习活动更好地融入交互式学习环境中。通过微信应用建立的情景感知泛在学习环境，可以有效避免陌生应用在使用初期带来的陌生感和抵触感，对于学习者学习兴趣和学习互动的激发也更加明显，微信应用与周围环境相融合，可以快速地向学生提供一种基于移动端的沉浸式、交互性学习方式（孟凡立、陈琳，2014）。在情景感知泛在学习系统的设计上，也要充分利用微信应用的社交网络属性，将学习活动与学习者的社交网络习惯相结合，通过开展诸如协作式学习、小组学习、项目式学习等形式，在提高学习者学习兴趣的同时，更好地融入学习情景中来，最大限度发挥情景感知技术的优势，实现智能化泛在学习系统的应用。

第四节 基于本体推理技术的情景感知学习内容推荐

解决了情景感知系统用户识别和学习资源定位后，就需要通过建立学习者和学习环境的本体模型，以及基于本体模型的推理算法，实现对学习者学习状态的智能判断和学习内容的智慧推荐。本体（Ontology）一词由 ont（όντ）加上表示学问或学说的后缀 ology 构成，ont 一词源自希腊文 on（όν）的变式，对应的英文是“being”，所以说本体就是关于所有存在事物的学说。1998 年 Studer 等人给出了本体的另一个解释：本体是对概念体系明确的、形式化、可共享的规范说明，即本体重视的是本领域知识规范化的抽象和描述，并注重表达、共享和重用领域知识的方法（刘炜等，2004）。本体模型的构建，大致可以包括如下几部分流程：首先，明确本体的领域与范围，本体是用来描述所有事物的规则，但是宽泛的领域范围往往难以建立准确的本体库，同时实用意义也会受到复杂规则的限制，因此我们往往针对某一特定领域或范围建立本体库，并对这一特定的专业领域建立详细的表达法和明确的内容；其次，列举相关领域中重要的术语、概念，在本体库建立初期需要尽可能陈述所有相关的概念和术语，准确界定各个本体的概念定义，为后续本体框架的建立打下基础；接下来再建立本体的框架结构，本体中的大量概念定义，只是一张没有经过整理组织的词汇表，还需要按照一定的逻辑规则把它们划分为不同的分组，对于存在冲突或问题的本体定义则要进行优化筛选，从而形成准确而精简的本体框架；最后，设计本体间的相互关系和操作，通过定义本体间的相互关系和抽象事件，建立本体间的相互关联和逻辑规则，进而实现可供推理的本体模型（汪方胜等，2005）。

对于情景感知阿语泛在学习系统，我们建立了以学习者（Person）、知识域（KnowledgeDomain）、测试（Test）为中心的本体库，具体的本体库设计参考第四章相关章节的介绍。在情景感知环境中，学习者的基本信息——作为唯一标识的用户昵称（实际应以 openid 作为识别标志）、性别、头像等，通过微信应用的 OAuth 2.0 授权方式获得。由于情景感知泛在学习环境需要在室内开展，而无法通过传统的地理信息定位来确定学习者的位置，因此改为以学习资源定位来代替地理信息定位，即将学习者扫描二维码识别的学习资源网址作为其虚拟化的情景位置信息，并以此建立学习者的学习路径。对于知识域本体中不仅包含当前知识域的学习资源，同时也有相应的前序或后序学习资源链接。前序学习资源用于判断学习者是否已经完成了先导知识的学习，如果还未完成先导知识的学习，推理系统将给出对应的前序学习建议，后序学习资源则是在完成当前学习内容的基础上，给出一个或多个后序知识学习的建议。同时，知识域本体还有对应的测试本体，学习者在完成知识域学习的同时会自动引导进行相关的测试，只有测试通过才会提示学习者进行后序知识域的学习。

情景感知学习系统推理技术在本体库的基础上，需要分别建立相应的学习资源情景和学习服务情景。其中学习资源情景面向学习者个人和知识域建立，包括学习者个人属性及偏好、已完成知识域学习、当前知识域学习、后序知识域学习、学习者测试成绩等，学习资源情景采用四元组形式呈现，如公式 5.1 所示：

$$Re_{context} = \{Re_{tag}, Re_{subject}, Re_{type}, Re_{degree}\} \tag{5.1}$$

其中 Re_{tag}是利用学习资源中包含的知识域抽象出来的标签，$Re_{subject}$是学习资源的所属主题，例如在阿语泛在学习环境中，我们设计了阿拉伯字母、阿拉伯书法、阿拉伯建筑、阿拉伯饮食、阿拉伯歌舞等不同主题，Re_{type}是学习资源包含的媒体类型，如文字、图片、声音、视频等，Re_{degree}是学习资源的难度，分为容易、中等、困难三种。

学习服务情景面向学习者个人和活动建立，包括学习情景感知、学习活动建议、测试及学习引导等，学习服务情景采用五元组形式呈现，如公式 5.2 所示：

$$Sv_{context} = \{Sv_{aware}, Sv_{type}, Sv_{resource}, Sv_{input}, Sv_{recommend}\} \tag{5.2}$$

其中 Sv_{aware}是利用学习者及二维码扫描信息建立的感知情景，Sv_{type}是学习服务的类型，如学习引导、知识域推荐、学习小组推荐等，$Sv_{resource}$表示学习服务中可供使用的学习资源，Sv_{input}表示学习者希望获取的学习服务，$Sv_{recommend}$表示结合学习者状态和学习资源现状提供的学习服务推荐结果（杨丽娜、魏永红，2014）。

对于本体库模型的实现，我们选择了更为成熟的 OWL（网络本体语言）语言编写。例如当我们要判断学习者是否学习某一知识域时，对应的 OWL 语言描述代码如下：

```
<owl:NamedIndividualrdf:about ="openid">
```

```
  <locatedInrdf:resource ="knowledgedomain" />
</owl:NamedIndividual>
```

要判断学习者在当前学习知识域下前序知识域的学习情况，可以通过如下 OWL 代码进行推理：

```
<owl:Classrdf:about =" isPreFinished">
<isPartOf>
    <owl:Restriction>
        <owl:onPropertyrdf:resource ="#Name" />
        <owl:hasValuerdf:resource ="#openid" />
        <owl:onPropertyrdf:resource ="#KD_Pre" />
        <owl:hasValuerdf:resource ="#finished" />
    </owl:Restriction>
</isPartOf>
</owl:Class>
```

当学习者完成当前学习知识域的学习并进行了相应的测试后，系统将根据现有的学习情景给出推荐的学习知识域，代码如下：

```
<owl:Classrdf:about =" nextRecommend">
    <owl:Restriction>
        <owl:onPropertyrdf:resource ="#Test" />
        <owl:hasValuerdf:resource ="#hasPassed" />
        <owl:onPropertyrdf:resource ="#next_KD" />
        <owl:hasValuerdf:datatype =" &xsd;notNULL" />
    </owl:Restriction>
</owl:Class>
```

通过建立包含本体、规则和推理模板的本体库，以及通过学习活动获取的学习者和知识域间的情景关系，建立情景感知泛在学习系统模型，即可在公有云环境和本地服务器共同组成的混合云平台中实现对学习者的情景建模和学习资源的推荐，具体实现流程如图5－9所示（陈敏、余胜泉，2015）。

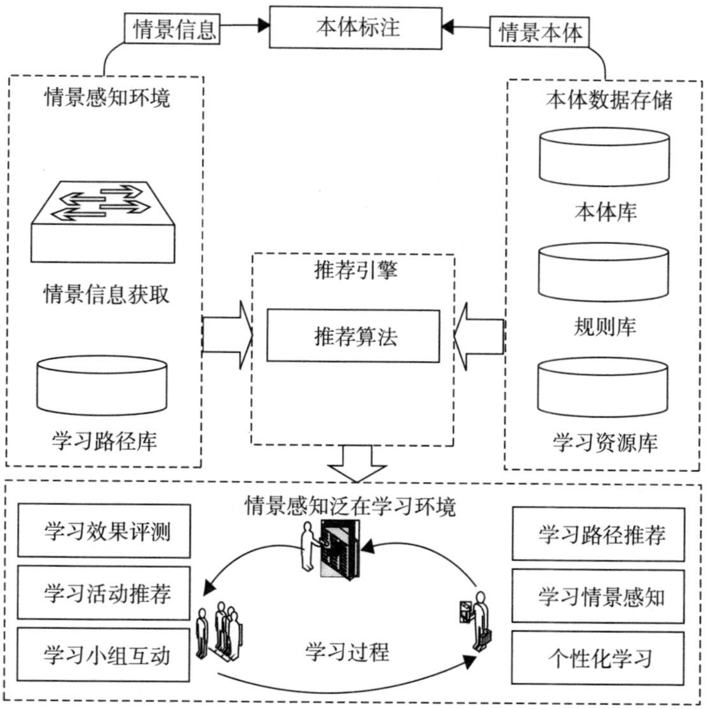

图5－9　情景感知系统下学习推理过程架构

资料来源：陈敏、余胜泉，2015，《泛在学习环境下感知学习过程情境的推荐系统设计》，《电化教育研究》第4期。

第五节　情景感知泛在语言学习系统实现框架

1. 情景感知泛在语言学习系统框架结构

基于前述对情景感知技术特点和混合云语言学习环境建设的介绍，

我们提出基于混合云模式的情景感知泛在语言学习系统实现框架，该框架由基于公有云端的微信应用和放置于局域网内部的私有云端情景感知服务器组成，通过二维码识别技术实现对学习者位置和学习过程的感知，同时建立学习者的学习路径，并依据建立的本体库实现对学习资源的个性化推荐。情景感知泛在语言学习系统整体框架结构如图 5－10 所示。

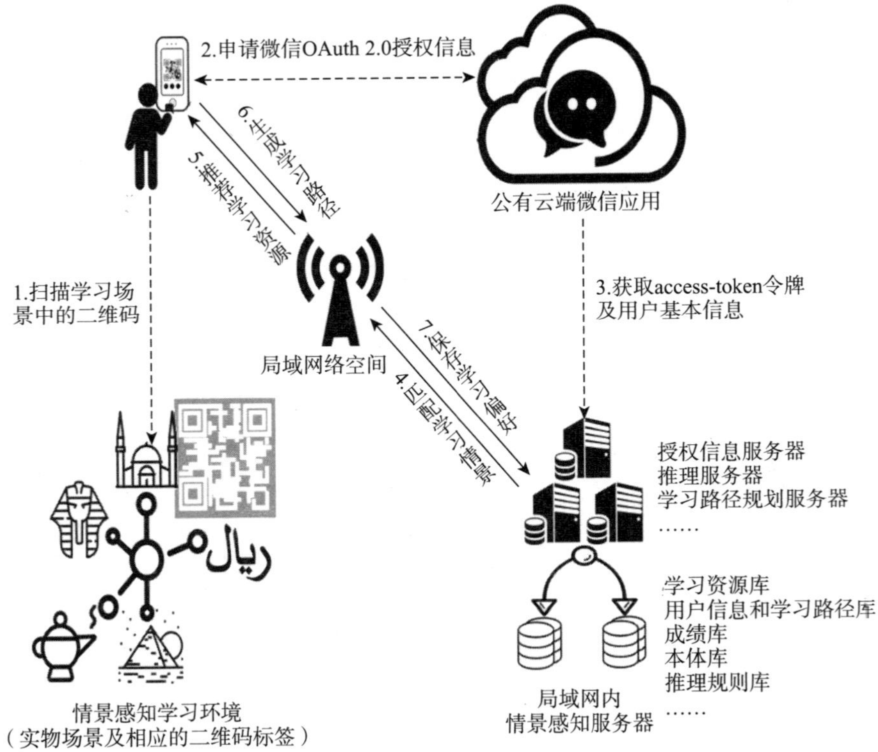

图 5－10　情景感知泛在语言学习系统框架结构

资料来源：笔者自制。

学习者作为情景感知泛在语言学习活动的主要发起者，通过在真实学习空间中的体验式学习，实现学习情景的构建。对于本研究针对的阿拉伯语教学，大部分学生在学习前都没有阿语学习背景，对阿拉伯文化和历史背景更是知之甚少。传统的阿拉伯语教学都是从基本的字母认读开始，在专业老师的带领下学生机械地重复阿拉伯文字的书写和发音，不但学习效率非常低下，还缺乏对阿拉伯语的深入理解，特别是在后期高级翻译类课程的学习中，文化背景的缺乏使得翻译质量难以得到保障。情景感知学习环境中，学生可以直接融入阿拉伯文化情景中，通过情景化教具的使用，建立学习情景和语言认知的有效连接。在已有的英语语言学习案例中，基于认知情景模块整合的教学方法可以提高英语教学的效果，在类似的语言教学活动中认知情景应该会对语言教学产生同样的促进作用（常淑丽等，2011）。因此基于情景感知技术建立的阿语教学情景，理论上也会在一定程度上促进阿拉伯语的学习效果，当然这还要在后面的实证分析中进一步研究。

微信公众平台在情景感知泛在语言学习系统中的应用，使得我们不必再费尽心思解决情景感知用户接口层面临的种种挑战，例如应用程序兼容性、操作界面友好度、用户信息安全性等，同时利用微信应用的 OAuth 2.0 协议授权以及获取 refresh_token 的方式，用户基本信息的获取更加便捷。通过在局域网内部搭建情景感知服务器存储获取的 openid、nickname、sex 等信息，即可实现对不同微信用户的差异化管理和学习偏好的预测。在本地情景感知服务器中存储的阿拉伯语学习资源以知识域的形式存储，通过建立不同知识域的主题、媒体类型、难易度、前后序知识域来实现阿语学习资源的智能化呈现。例如当情景感知系统发现学习者申请浏览学习资源的前序知识域没有完成时，会提示学习者将前序知识域学习完成，如果已经完成了当前知识域的学习且通过了相应的测验，则情景感知系统会推荐后续知识域给学习者。再比如所有的阿拉伯语学习资源都分为阿拉伯书法、建筑、神话及历史、饮食及日常用品、歌舞艺术等不同主题，在学习者浏览不同的阿拉伯语学习资源时，系统会记录用户的学习路径并自动生成带有权重的学习偏好数据，这样当需要情景感知系统推荐后序学习知识域时，系统会优先推荐相同主题的学习资源。学习者的个人用户信息存储在微信应用公共云端，这些信息对所有人（主要是微信好友）都是公开的，但是对于学习者在情景感知学习活动中产生的学习偏好数据和系统中存储的阿拉伯语特色学习资源都存储在局域网服务器中，这就使得学习者个人的隐私学习数据和教学资源的版权信息都可以得到很好的保护。

2. 情景感知泛在语言学习系统处理流程

在情景感知泛在语言学习系统框架的基础上，建立阿拉伯语课程学习情景大致需要情景信息获取、情景识别与处理、学习资源推荐、学习内容呈现和情景偏好存储几个部分。

（1）情景信息获取

情景化阿拉伯语课程学习的大部分场景都在室内，并且实际的展示空间有限，基于 GPS 或 WLAN 定位的技术不能满足室内定位的需要。选择蓝牙、RFID 或 NFC 等近场识别技术又需要专门的资金购置标签，并且还需要智能终端设备具备对应标签的读取功能，在实际的移动学习活动中，每位学习者手持设备的规格型号都各不相同，特别是大多数智能终端设备并不具备 RFID 或 NFC 读取功能，因此我们并没有选择使用标签作为学习情景的定位技术。二维码在使用时只需要打印相应的二维码图片，然后使用智能终端设备的摄像头扫描就可以顺利地读取二维码图片信息，我们设计的情景感知泛在语言学习系统最终选择了最为普及的 QRCode 二维码编码方案作为学习情景的识别技术。学习者在实际的学习空间中，只需要通过智能手机打开微信应用中的“扫一扫”，然后用智能手机上的摄像头去扫描不同的二维码，即可让情景感知系统获取学习者当前的情景信息。

（2）情景识别与处理

放置于情景感知学习空间不同位置的二维码标签，不仅能够链接到不同的学习资源，同时也代表了虚拟化的位置信息。在语言学习的场景中，我们并不需要准确获取每位学习者所在的物理位置，而是更加关心学习者当前的学习状态位置，将学习状态位置进行适当的转换，就可以生成更加适合教学活动的情景模型。通过对学习者每一次扫描二维码的结果以及完成的学习活动进行记录，就可以建立针对当前学习者独一无二的学习路径，而通过对学习者在不同学习页面中的停留时长进行记录，就可以生成更加立体化的学习路径模型。以此建立的情景感知学习模型由作为实体的学习者和非实体的学习知识域共同组成，用一个五元组来表示即为（Openid，KnowledgeDomain，Value，Time，Duration），其中 Openid 和 Knowledge 分别为作为实体的学习者和非实体的学习知识域，Value 和 Time 分别是是否完成当前知识域的学习和二维码扫描时间，Duration 代表当前学习知识域的学习时长，以此即可形成针对学习者的个性化学习路径。

（3）学习资源推荐

情景感知泛在语言学习系统中的学习资源推荐需要通过情景感知推理模块的支持来实现，一方面情景感知系统可以通过学习者的扫码情况获取学习者当前的学习需求，另一方面情景感知系统还要提取系统中存储的学习者学习偏好和已完成的学习路径，通过推理引擎来实现智能化的学习资源推荐。对于情景感知泛在语言学习系统来讲，每个学习资源对应一个学习知识域，学习知识域中不仅包括学习内容，还有默认的前序和后序学习知识域链接，在进行学习资源推荐时可以分三种情况考虑。

第一种情况，学习者初次扫码任意一个学习资源且没有前序知识域时，这时情景感知系统直接将二维码指向的学习知识域进行推送并建立相应的学习路径，默认的后序知识域作为提示性信息在学习内容的最后呈现。第二种情况，学习者扫码一个学习资源且学习路径中的前序知识域未被学习时，情景感知系统会提示学习者选择学习前序知识域或继续当前知识域的学习，并依据学习者选择的结果添加学习路径。第三种情况，学习者扫码一个学习资源且前序知识域已经完成学习，这时情景感知系统会在推荐当前学习知识域的同时，根据学习者个性化的学习路径，建立学习偏好权重匹配，将默认的后序学习知识域和权重值最高的后序知识域同时推荐给学习者。

(4) 学习内容呈现

基于混合云模式的情景感知泛在语言学习系统的大部分学习资源都存储在本地服务器中，学习内容的最终呈现直接通过微信应用平台实现。利用微信应用的 OAuth 2.0 协议进行授权操作后，通过微信应用内置的浏览器就可以将 HTML5 网页编写的学习资源呈现出来，微信应用对 HTML5 良好的兼容性，使得网页内容的布局不会出现错位、乱码等问题，另外为了避免情景感知系统中的学习资源被其他应用环境使用或无法获取微信用户信息而导致错误，我们设计了通过嵌入 JavaScript 代码的方式限制只能通过微信内置浏览器访问情景感知系统，具体的代码如下：

```
<script type="text/javascript">
    var useragent = navigator.userAgent;
    if (useragent.match(/MicroMessenger/i)! ='MicroMessenger'){
        alert('禁止访问本系统,请用微信应用打开! ');
        var opened = window.open('about:blank','_self');
        opened.opener = null;
        opened.close();
    }
</script>
```

阿拉伯语学习资源分为阿拉伯文字、图片、声音、视频几个部分，利用 HTML5 规范编写的学习资源页面可以很好地呈现这些媒体形式，并且可以生成自适应匹配智能手机上不同屏幕尺寸和分辨率的 HTML5 页面。如图 5-11 所示，当使用非微信应用打开学习资源页面时，直接弹出错误提示，以防止用户信息获取失败导致的问题。在微信应用中扫描则可以正常显示学习资源，包括当前知识域是否学习完成，以及文字、图片、声音和视频等多种媒体呈现形式，另外在页面的最后还会列出推荐的后序学习知识域。

图 5－11　情景感知泛在语言学习系统学习资源呈现页面

资料来源：微信应用截图。

（5）情景偏好存储

基于微信应用提供的用户基本信息，特别是每位用户唯一的 openid 值作为该用户的标识，就可以建立该用户的个性化学习偏好数据，例如基于用户扫码时间及知识域学习时长即可建立用户的个性化学习路径，结合情景感知系统提示的前后序知识域学习顺序，即可分析得出情景感知环境下学习者选择的学习路径和系统预设的学习知识域学习顺序间的差异。再比如情景感知泛在语言学习系统中的学习知识域被划分为多个不同的主题，学习者在情景感知环境中选择性的学习过程也会以不同权重的形式记录下来，以此可以得到学习者的学习偏好，在后序学习知识域的推荐中则可以通过学习偏好的权重数据对所列知识域进行排序，实现更加智能化的学习资源推送服务。在混合云环境下，学习者的学习路径和学习偏好数据都被很好地存储在局域网服务器中，避免了个人隐私数据泄露的风险，降低了学习者对数据安全担心所导致的抵触情绪。

综上所述，在情景感知泛在语言学习系统框架基础上，阿拉伯语泛在学习活动开展的具体流程如图 5－12 所示。

下面，我们就在情景感知泛在语言学习系统框架下，利用北京第二外国语学院现有的校园网络和服务器资源，建立情景感知阿拉伯语学习环境，并在北京第二外国语学院学生中开展实证研究。同时，通过对情景感知泛在语言学习系统进行技术接受度的路径模型评估，以及对学习效果的量化分析，检验情景感知技术在阿拉伯语教学活动中的可行性和学习效果。

第六节　情景感知阿拉伯语学习环境的实证研究

为了评估情景感知技术在实际语言教学活动中的可行性和有效性，阿拉伯语专业课程设计了情景感知泛在语言学习环境，并在其中开展基于智能手机设备的移动学习活动，同时与传统方式开展的阿拉伯语教学进行接受度和学习效果的对比，以此来判断情景感知技术在语言学习活动中的实用价值。

1. 情景感知阿拉伯语学习环境

传统的阿拉伯语学习以课堂教学为主，除了授课教师口头讲述和黑板板书之外，还会使用投影仪在教室前的幕布中展示与教学内容相关的图片、声音或视频。但是在近些年的教学活动中，随着智能终端设备的普及，特别是充满趣味性和未知性的社交网络应用的流行，学生的课堂注意力越来越多地被手中闪烁着的屏幕所吸引，这也导致了课堂教学效果大打折扣。此外，对于刚刚开始接触阿拉伯语的学生来讲，他们需要大量的时间去接触和了解阿拉伯语言和文化的相关知识。课堂教学地点和授课时间上的限制，使得教师在入门知识教学投入大量精力的同时，仍旧无法完全满足学生的学习需要。

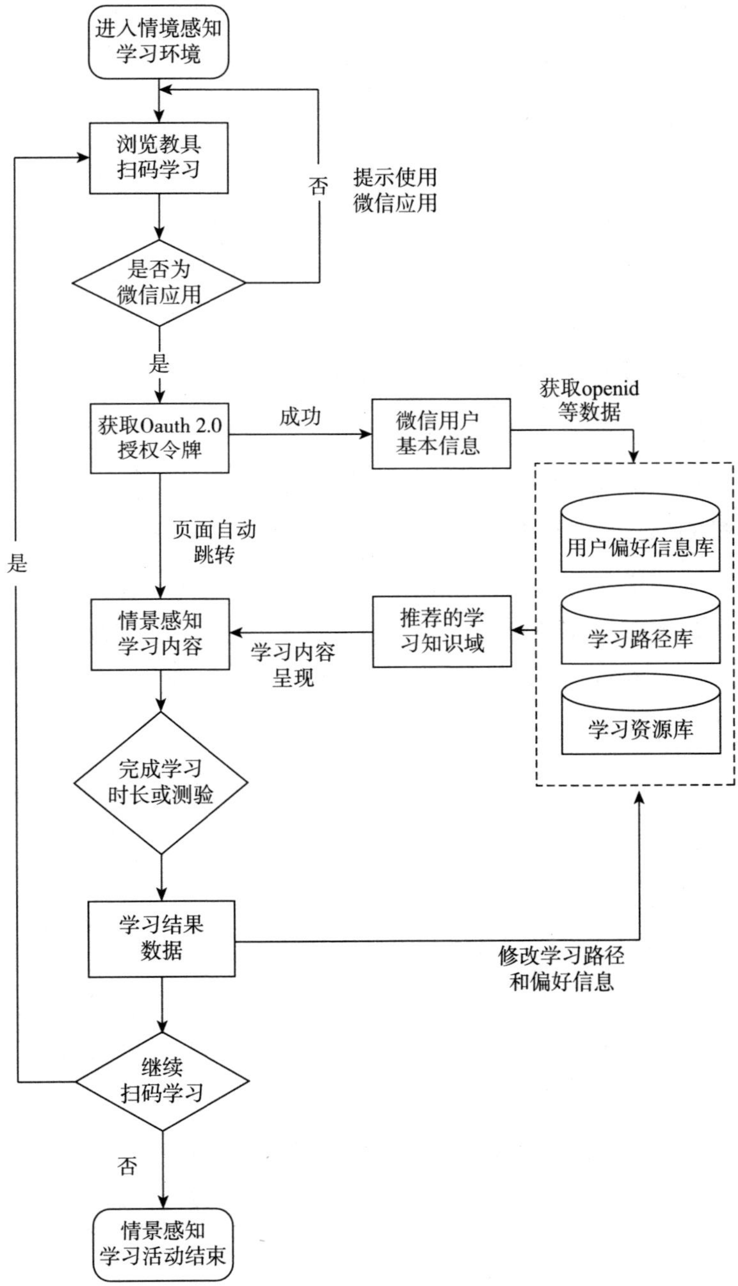

图 5－12　情景感知泛在语言学习系统处理流程

资料来源：笔者自制。

在情景感知阿拉伯语学习环境中，学生面对的学习设备是自己手中的智能手机和身边情景化的学习空间，每位学习者可以结合自身的实际情况，选择性地进行感知活动学习。情景感知学习环境的搭建中，我们充分利用了现有的教学楼环境，在不同教室放置与阿拉伯语教学相关的教具资源，利用不同形式的教具资源组成情景感知学习环境的物理学习空间。例如利用纸张呈现阿拉伯文字的书写样张，利用带有阿拉伯文化特征的小物品来呈现阿拉伯世界日常生活的状态，利用3D打印机生成的模型呈现阿拉伯建筑、历史遗产等场景。

在阿拉伯语文化的学习过程中，传统教学模式下只能通过图片或视频的形式带给学习者认知体验。在情景感知环境中，我们特意建立了基于3D打印技术的虚拟情景呈现环境。3D打印（3D printing）是增材制造技术的典型代表，它是以数字化3D模型为基础，运用粉末状金属或塑料等具备黏合属性的材料，通过逐层打印的方式来构造3D模型的一种新型技术（李青、王青，2013）。3D打印技术早在20世纪90年代就已出现，但是直到近些年随着打印材料价格的不断降低、打印设备精度的不断提高，才开始得到越来越多行业的青睐，特别是近些年STEM教育理念的普及，使得3D打印技术在教育领域得到了更大程度的普及（傅骞、王辞晓，2014）。在3D打印技术的支持下，只要通过专业的3D建模软件生成3D打印机支持的STL格式文件，就可以快速开始3D模型的打印工作，通常几个小时之后模型就可以打印完成。图5－13左侧显示的就是使用专业软件打开STL文件并生成3D打印机使用的切片数据的界面，右侧显示的是使用3D打印机打印的成品。

已有的研究文献也指出了3D打印技术在教育领域的应用能够对学生提供理论与现实、知识与技能间的衔接的桥梁作用，可以极大地激发学生的学习积极性、拓展学生的动手和创新能力（王萍，2013a）。将3D打印技术与传统的阿拉伯语学习活动相结合，可以在一定程度上提升课程学习对学生的吸引力，特别是辅助学生构建语言学习的背景文化

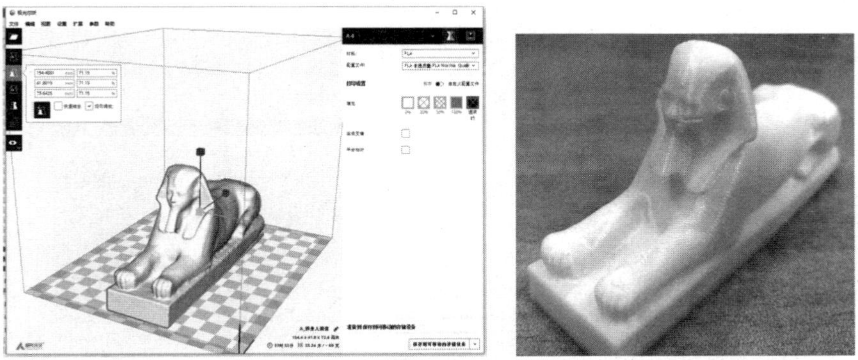

a）3D 打印软件生成切片数据的界面　　　　b）3D 打印成品效果

图 5－13　3D 打印软件和最终成品效果

资料来源：笔者自制。

知识体系，进而促进语言学习的有效开展。阿拉伯文化有非常典型的民族和宗教特征，而这也是吸引学习者深入学习阿拉伯语的重要环节，但是大量带有阿拉伯文化基因的事物都是难以直接接触到的，例如在阿拉伯语教学中经常会展示学生感兴趣的金字塔和狮身人面像并以此引出埃及的相关故事传说。在情景感知环境中，我们利用 3D 建模和打印技术，打印了金字塔和狮身人面像的 3D 模型，学生可以直接触摸或布置这些 3D 模型场景，模型旁边的二维码使得学生可以在真实场景中学习的同时，通过智能手机获取情景感知系统推荐的学习资源。图 5－14 所示，即是放置于情景感知学习环境中的学习资源，以及扫码识别后智能手机中呈现的学习资源页面。

2. 实验参加人员与过程

本实验的参加人员为北京第二外国语学院阿拉伯语专业不同年份入学的一年级本科生，实验对象共 110 人，按照自然班分为两组，其中控制组 54 人，实验组 56 人。控制组和实验组的参加人员都是在入校后才系统化学习阿拉伯语，在实验开始前进行了控制组和实验组对于阿拉伯语掌握程度的测验，前测的结果可以看出这两个组的测验成绩没有显著性差异（$t=0.38$，$p>0.05$），对于阿拉伯语的使用这两个组的成员有相似的水平，前测的具体结果如表 5－5 所示。

a）情景感知学习环境中的学习资源　　b）扫描二维码后打开的学习页面

图 5－14　3D 打印模型建立的阿拉伯语学习场景

资料来源：a）笔者自制，b）微信应用截图。

表 5－5　控制组和实验组前测数据

分组	人数	平均分	标准差	自由度	t 值	Sig.（双侧）	F 值
控制组	54	70.12	13.865	108	0.38	0.97	0.003*
实验组	56	70.02	13.899	107.873			

注：* $p<0.05$。

资料来源：笔者自制。

实验过程中，控制组和实验组学习的内容相同，都为阿拉伯书法、建筑和历史等内容的介绍，并注重对阿拉伯词汇的解读和不同场合中词汇的使用，学习时长为 2 个小时。控制组学生仍旧采用传统的课堂面授式教学，课堂中使用传统教学中常用的幻灯片进行阿拉伯语学习资源的展示和学习，幻灯片中包含以文字、图片和短视频形式呈现的阿拉伯语教学内容，同时将拓展性学习资料发送给学生自学。实验组学生则携带个人使用的智能手机，前期的问卷调查已经表明所有学生都在使用微信应用，且可以熟练掌握微信的使用方法。

实验过程中，实验组学生进入预先准备好的情景感知阿拉伯学习环境，由教师针对本次课程学习的内容进行讲解，学生则通过观察和使用学习环境中摆放的3D打印模型以及放置于模型旁的知识学习单来自学相关知识点，同时学生可以通过智能手机扫描学习素材旁的二维码进一步完成拓展性知识点的学习，教师则在教室中随时解决学生遇到的问题和困难。另外，实验中特别设计了金字塔立体拼图游戏环节，我们将金字塔模型分割为多个部分，再由学生在立体空间中完成金字塔模型的搭建，完成拼图游戏后才可以扫描粘贴于金字塔上的二维码并继续相关知识点的学习。通过实物立体拼图游戏的形式可以很好地提高学习的趣味性，实际教学活动中的学生反馈也验证了这一点，金字塔拼图游戏的效果如图5－15所示。

控制组和实验组都完成学习任务后，集中对所有学生进行学习效果的测验以及对情景感知阿拉伯语学习环境技术接受度的问卷调查，根据后测成绩和问卷调查的结果，分析得出情景感知阿拉伯语学习环境的使用效果和满意度。具体的实验流程如图5－16所示。

实验结束后，结合问卷调查和实验后测的结果我们分别进行情景感知学习环境技术接受度和学习效果的分析，下面分别进行具体介绍。

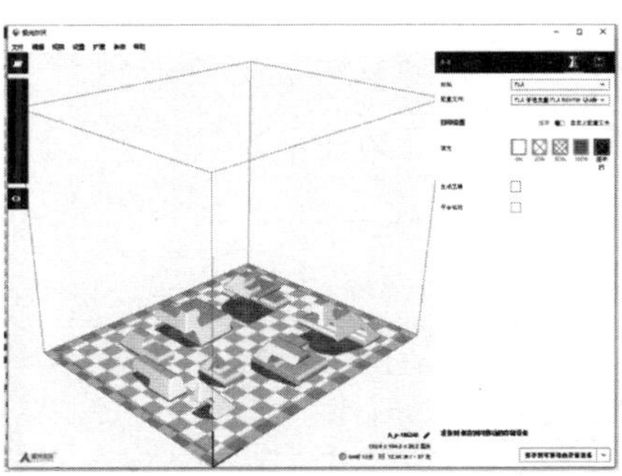

a）3D打印软件中金字塔模型切片

b）金字塔立体拼图前的散乱模型

c）金字塔立体拼图完成后的效果　　　　d）扫描二维码后打开的学习页面

图 5－15　金字塔立体拼图游戏场景

资料来源：笔者自制。

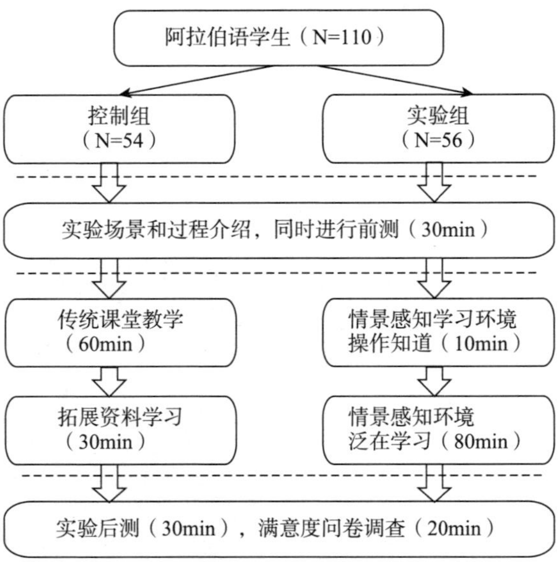

图 5－16　情景感知学习环境实验流程

资料来源：笔者自制。

3. 情景感知学习环境技术接受度分析

信息技术在教学活动中的应用一直是教育技术领域的研究重点，另一方面信息技术的使用与实际产生的教学效果间的悖论也客观存在，反对将教学活动与信息技术进行整合的声音也一直存在。因此，探讨信息技术在教学活动中的接受度和满意度研究一直也是教育技术领域的重要研究方向。早在 20 世纪 70 年代，Ajzen 和 Fishbein 就提出了基于态度影响行为的理性行为理论（Theory of Reasoned Action，TRA），之后 Ajzen 又在 TRA 基础上加入了新的因素“感知行为控制”（Perceived Behavioral Control），提出了扩展后的计划行为理论（Theory of Planned Behavior，TPB），其中也提到了由于环境的限制，行为意图并不总是导致实际行为（Ajzen，1991）。随着信息技术越来越多地应用于人们的日常生活和工作中，学者也开始更加关注信息技术的接受问题。其中最为流行的是 Davis 在 1986 年提出的科技接受度模型（Technology Acceptance Model，TAM），TAM 模型中引入了被认为对行为意图（Behavioral Intention to Use，BI）有重要影响的两个因素，即有用性感知（Perceived Usefulness，PU）和易用性感知（Perceived Ease-of-use，PEoU）（Davis 等，1989）。尽管之后又有大量的研究成果证明了 TAM 模型在预测信息技术接受程度和满意度上的可靠程度，但学者也对 TAM 模型中有限的结构因子是否可以推广到更广范围也提出了怀疑，因此出现了众多基于 TAM 的扩展模型。如 Cheung 和 Vogel 在 2013 年提出基于协同技术的扩展 TAM 模型（Cheung&Vogel，2013），Liao 等人在 2015 年提出了针对泛在学习的扩展 TAM 模型（Liao 等，2015）。但是从实际的文献分析来看，这些扩展的 TAM 模型往往只注重特定情景下相关因素对 TAM 模型的影响，移动互联网技术普及后，课堂教学环境变得比以前更加复杂，所以 TAM 模型对于新兴信息技术的评估能力已经有所不足。

随着各类扩展 TAM 模型的增多，各模型的评测维度不断增加，使得这些扩展模型的通用性明显减弱。2003 年，Venkatesh 在比较了 8 个不同的技术接受度模型和其扩展模型的基础上，提出了技术接受和使用统一理论模型（Unified Theory of Acceptance and Use of Technology，UTAUT，以下简称 UTAUT 模型）（Venkatesh 等，2003）。在 UTAUT 模型中，创新设计了包括绩效预期（Performance Expectancy，PE）、努力预期（Effort Expectancy，EE）、社会影响（Social Influence，SI）、促进条件（Facilitating Conditions，FC）在内的四个影响使用意图的核心因素，以及包括性别、年龄、经验、自愿使用在内的四个缓冲因素。其中绩效预期定义为一项技术在使用后能够给使用者带来的绩效预期，努力预期定义为对技术使用难易程度的预期，社会影响定义为使用者身边的关键人物（家人、朋友）认为他应该使用某一技术或能够提供相应帮助的预期，促进条件是使用者对现有资源和行为活动支持的感知。

UTAUT 模型在设计之初吸收了大量已有评测模型的核心思想，因此从理论上讲能够比 TAM 模型更加全面地评价用户的信息技术接受度和满意度。另一方面，UTAUT 模型提出较晚，所以该理论的实际应用程度不如 TAM 模型，利用 UTAUT 模型进行实证研究的文献远不如 TAM 模型。2012 年 Venkatesh 等人通过对近年来的文献梳理发现对于 UTAUT 的研究分为三类：新技术下 UTAUT 的实证研究，不同目标群体的研究和不同文化背景下的研究，其中一些研究是通过降低缓冲因素维度实现的。在总结近些年 UTAUT 研究的基础上，Venkatesh 等人再次提出了扩展 UTAUT 模型，以下简称 UTAUT2 模型（Venkatesh 等，2012）。原始 UTAUT 模型中的自愿性缓冲因素因影响关系单一而在 UTAUT2 模型中取消（Morris 等，2005），针对 UTAUT 中过于突出外在动机的绩效预期，UTAUT2 模型增加了针对内在动机的享乐动机（Hedonic Motivation，HM），同时 UTAUT2 模型引入了价格价值（Price Value，PV）和行为习惯（Habit，HT）两个新的核心因素，来更加全面的反映技术接受度。UTAUT2 模型结构如图 5－17 所示。

鉴于 UTAUT2 模型可以更加全面地反映情景感知阿拉伯语学习环境

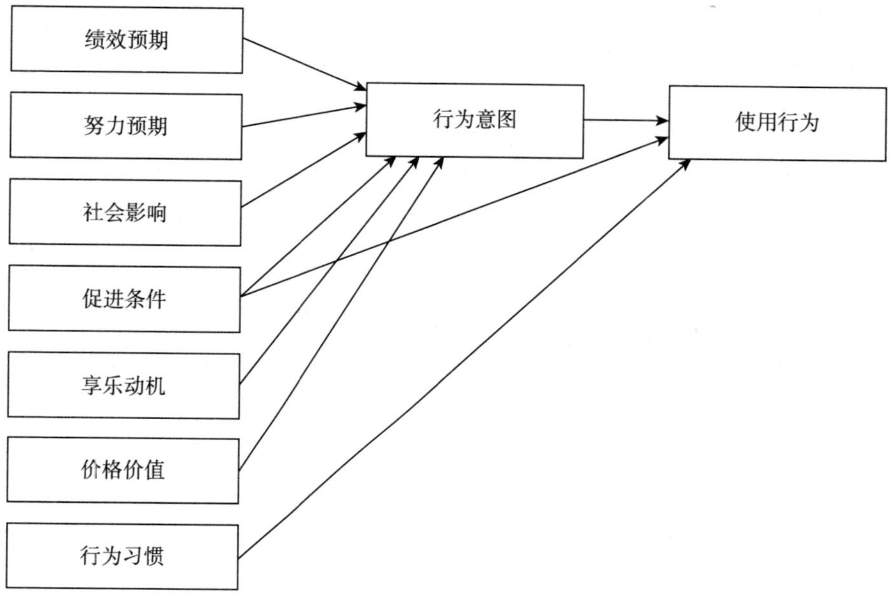

图 5－17　UTAUT2 模型结构

资料来源：Venkatesh, V., Thong, J. Y. L., XU, X. 2012. "Consumer Acceptance and Use of Information Technology: Extending the Unified Theory of Acceptance and Use of Technology", *MIS Quanterly* 36（1）。

中学生对信息技术使用的接受程度，同时我们也希望了解情景感知技术对学习者存在的潜在影响和价值，我们选择 UTAUT2 模型和问卷调查的形式来衡量使用者在情景感知环境中的使用意愿，特别是对于系统易用性和可用性的主观感受（顾小清、付世容，2011）。问卷调查以 Venkatesh 等设计的问卷框架为基础，共计 9 大类 32 个问卷调查项，每个问卷调查项都采用李克特 5 级度量标准，其中 1 为最低或最不同意，5 为最高或最同意。同时我们利用 SmartPLS 软件建立路径方程模型，并进行结构因子的信度和效度的检验（田嵩，2018）。另外，为了获得更多的问卷调查数据，控制组的学生在完成实验后测后，也参与了情景感知阿拉伯语学习环境的使用并在其中进行了完整的学习体验，因此我们也对控制组学生同样进行了问卷调查并采集了相关数据。所有的调查问卷结果数据都录入 SPSS 软件并进行描述性统计信息的分析，实验共收到问卷调查110份，32个问卷项的单样本t检验的显著水平都小于等于0.001，各结构因子的描述性统计结果如表5-6所示。

表5-6 结构因子的描述性统计信息

结构因子	问卷项数	均值	标准差	超值峰度	偏度
绩效预期	4	3.54	1.03	-0.39	-0.24
努力预期	4	3.94	0.97	0.21	-0.77
社会影响	3	3.15	1.18	-0.70	0.06
促进条件	4	3.92	1.06	0.34	-0.93
享乐动机	3	3.62	1.15	-0.48	-0.51
价格价值	3	3.32	1.09	-0.48	-0.14
行为习惯	4	3.10	1.20	-0.92	0.19
行为意图	4	3.50	1.09	-0.63	-0.26
使用行为	3	2.79	0.86	-0.18	0.15

资料来源：笔者自制。

从描述性统计结果来看，努力预期、促进条件和享乐动机是平均得分最高的问卷项。努力预期的超值峰度最高，即相关问卷项的差异化最大，可以解释为不同的学习者对情景感知学习环境的投入度和期望值有较大差异，而行为习惯的超值峰度最低，说明利用微信应用进行情景感知学习对于大部分学生来讲非常符合他们的使用习惯，大家对情景感知学习活动的适应能力比较一致。在偏度结果中，绝对值最大且为负值（左偏）的是促进条件，也就是说在这一结构因子的问卷项上得分差异化较大，且给出得分高于平均分的情况更多，即大部分学生对情景感知技术促进阿拉伯语学习给出了积极的回应，但是也有少部分学生打分较低。偏度绝对值最小且为正值（右偏）的是社会影响，大家都拥有智能手机且具备情景感知学习环境下的操作技能，因此周围人对于学习者的影响比较一致，差异化较低（周洪伟，2012）。

通过在SmartPLS软件中建立基于UTAUT2的路径模型，我们进行了调查问卷信度和效度的检验。从表5-7的结果可以看出，各结构因子的克伦巴赫系数（Cronbach's α）都在 0.8 以上（Cronbach，1951），一般当克伦巴赫系数大于 0.7 时，我们认为观察值具有较好的信度，因此该问卷调查的结果具备良好的信度（席仲恩、汪顺玉，2007）。效度检验是指实验结果数据的测量值对测量模型有效性的体现程度，对于结构方程模型需要重点考量的就是它的结构效度（Construct Validity）。结构效度的检验主要分为收敛效度（Convergent Validity）和区别效度（Discriminant Validity）（包金龙，2007），其中收敛效度可以通过平均提取方差（Average Variance Extracted，AVE）和复合信度（Composite Reliability，CR）来检测（Wu & Zhang，2009），平均提取方差 AVE 主要用来测量两个变量间的判别效度，计算公式如 5.3 所示：

$$AVE = \frac{\sum \lambda_i^2}{\sum \lambda_i^2 + \sum (1 - \lambda_i^2)} \tag{5.3}$$

复合信度 CR 主要用来测量评价尺度的可靠性，可以用来评估各指标的内部一致性，计算公式如 5.4 所示：

$$CR = \frac{(\sum \lambda_i)^2}{\sum \lambda_i^2 + \sum (1 - \lambda_i^2)} \tag{5.4}$$

其中 λ_i 为因子 i 标准化后的负载值。平均提取方差和复合信度的取值通常在 0.6 以上（另一种标准为 AVE 大于 0.5，CR 大于 0.8）（Larcker，1981），即可认为结构方程模型具有良好的收敛性（张应语等，2015），从表 5－7 中的数据可以看出平均提取方差和复合信度的计算结果分别都大于 0.7 和 0.9，因此可以判定该调查问卷的测量数据具备较好的收敛信度。

表 5－7 观测因子的交叉负载值（Cross Loading）和可靠性检验结果

		PE	EE	SI	FC	HM	PV	HT	BI	Cronbach's α	AVE	CR
PE										0.909	0.785	0.936

续表

		PE	EE	SI	FC	HM	PV	HT	BI	Cronbach's α	AVE	CR
	PE1	.88	0.62	0.64	0.61	0.67	0.55	0.66	0.71			
	PE2	.88	0.71	0.67	0.67	0.65	0.55	0.64	0.69			
	PE3	.91	0.59	0.73	0.50	0.60	0.51	0.67	0.65			
	PE4	.88	0.53	0.69	0.49	0.63	0.56	0.73	0.65			
EE										0.930	0.827	0.950
	EE1	0.54	0.86	0.47	0.70	0.62	0.52	0.50	0.58			
	EE2	0.67	0.93	0.58	0.80	0.68	0.60	0.55	0.60			
	EE3	0.67	0.92	0.59	0.78	0.65	0.60	0.55	0.58			
	EE4	0.63	0.93	0.56	0.79	0.67	0.57	0.50	0.59			
SI										0.894	0.825	0.934
	SI1	0.71	0.51	0.89	0.48	0.62	0.56	0.74	0.74			
	SI2	0.67	0.58	0.92	0.53	0.62	0.53	0.75	0.70			
	SI3	0.71	0.56	0.92	0.47	0.61	0.57	0.75	0.73			
FC										0.930	0.826	0.950
	FC1	0.57	0.75	0.46	0.90	0.58	0.56	0.50	0.61			
	FC2	0.64	0.79	0.54	0.91	0.58	0.54	0.53	0.57			
	FC3	0.56	0.76	0.45	0.91	0.60	0.56	0.47	0.57			
	FC4	0.57	0.76	0.54	0.91	0.58	0.57	0.50	0.58			
HM										0.957	0.921	0.972
	HM1	0.68	0.70	0.61	0.61	0.96	0.66	0.73	0.73			
	HM2	0.69	0.70	0.70	0.63	0.97	0.65	0.80	0.78			
	HM3	0.71	0.68	0.64	0.62	0.95	0.61	0.73	0.73			
PV										0.835	0.752	0.901
	PV1	0.55	0.59	0.45	0.57	0.59	0.85	0.52	0.53			
	PV2	0.54	0.59	0.56	0.53	0.67	0.88	0.69	0.57			
	PV3	0.50	0.47	0.56	0.50	0.48	0.87	0.62	0.63			
HT										0.917	0.801	0.941
	HT1	0.75	0.53	0.78	0.51	0.73	0.63	0.91	0.76			
	HT2	0.64	0.45	0.69	0.43	0.67	0.54	0.85	0.67			

续表

		PE	EE	SI	FC	HM	PV	HT	BI	Cronbach's α	AVE	CR
	HT3	0. 59	0. 47	0. 70	0. 43	0. 66	0. 66	0. 90	0. 74			
	HT4	0. 73	0. 60	0. 76	0. 58	0. 75	0. 68	0. 91	0. 83			
BI										0. 950	0. 870	0. 964
	BI1	0. 71	0. 57	0. 72	0. 57	0. 73	0. 66	0. 82	0. 94			
	BI2	0. 75	0. 63	0. 77	0. 62	0. 74	0. 67	0. 82	0. 97			
	BI3	0. 69	0. 59	0. 74	0. 63	0. 75	0. 61	0. 77	0. 92			
	BI4	0. 70	0. 61	0. 74	0. 58	0. 67	0. 54	0. 73	0. 90			

资料来源：笔者自制。

对结构方程模型区别效度的判定，要求结构方程模型中每个潜变量的 AVE 平方根应该大于该因子与其他因子间的相关系数（焦豪，2011）。通过建立如表 5－8 所示的 Fornell-Larcker Criterion 结构关联评判矩阵，可以看出结构方程模型各因子与自身的关联度都高于与其他因子的关联度（表中粗体显示的数字为该行或列的最大值），因此可以说明结构方程模型具有较好的区分度。

表 5－8　Fornell-Larcker Criterion 结构关联评判矩阵

	PE	EE	SI	FC	HM	PV	HT	BI	UB
PE	**0. 89**								
EE	0. 69	**0. 91**							
SI	0. 77	0. 61	**0. 91**						
FC	0. 64	0. 84	0. 55	**0. 91**					
HM	0. 72	0. 72	0. 68	0. 65	**0. 96**				
PV	0. 61	0. 63	0. 61	0. 61	0. 67	**0. 87**			
HT	0. 76	0. 58	0. 82	0. 55	0. 78	0. 71	**0. 89**		
BI	0. 76	0. 65	0. 80	0. 64	0. 78	0. 67	0. 84	**0. 93**	
UB	0. 14	0. 17	－0. 02	0. 21	0. 04	－0. 01	0. 02	0. 09	**0. 60**

资料来源：笔者自制。

在确保结构方程模型测量数据较好的信度和效度后，我们在 Smart-

PLS 软件中建立了结构方程模型，并计算了各因子间的路径相关系数，结果如表 5－9 所示。

表 5－9　结构方程模型路径相关系数计算结果

模型路径	路径系数	间接路径	间接路径系数
PE→BI	0.098	PE→BI→UB	0.010
EE→BI	－0.073	EE→BI→UB	－0.007
SI→BI*	0.230	SI→BI→UB	0.023
FC→BI*	0.186	FC→BI→UB	0.019
FC→UB	0.268	－	－
HM→BI	0.188	HM→BI→UB	0.019
PV→BI	0.023	PV→BI→UB	0.002
HT→BI**	0.355	HT→BI→UB	0.036
HT→UB	－0.216	－	－

注：* $p<0.05$，** $p<0.005$。

资料来源：笔者自制。

利用路径相关系数绘制的结构方程模型如图 5－18 所示。

从路径相关系数的计算结果可以看出，努力预期（EE）对行为意图（BI）和行为习惯（HT）对使用行为（UB）的相关系数为负数。努力预期指的是技术掌握的难易度对行为意图的影响，而利用微信应用实现的情景感知阿拉伯语学习环境充分利用了现有的移动资源，不需要学习者付出额外的精力去掌握情景感知系统的使用方法，换句话说情景感知系统在后台自动工作期间，学习者并没有感觉到与日常使用智能终端设备间的差异，因此努力预期与行为意图间没有明显的相关性也是非常合理的结果。行为习惯与使用行为间的路径相关系数同样为负，但同时行为习惯与行为意图（BI）间的正相关系数值最大，这说明基于微信应用开发的情景感知学习系统与学习者日常生活的习惯相一致，因此学习者从内心是非常愿意利用智能终端设备进行情景感知移动学习的，但是在实际转换为真正的学习活动上还有待加强，还需要我们设计更多

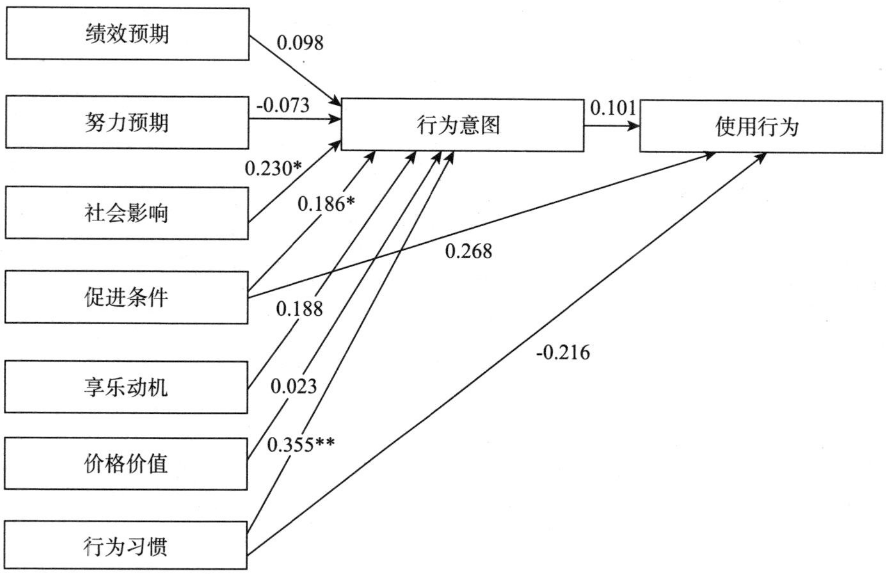

图 5－18　带路径相关系数的结构方程模型

注：* $p<0.05$，** $p<0.005$。

资料来源：笔者自制。

的学习活动来提高学习者的实际参与度。另外，社会影响（SI）和促进条件（FC）与行为意图间也呈现显著相关，这样的结果与微信应用的社交网络属性和软件操作的便利性有直接关系。

4. 情景感知学习效果分析

实验结束后，我们对控制组和实验组分别进行了 30 分钟的后测，两组后测内容一致，得到的后测数据与实验前得到的前测数据相结合，绘制出了如图 5－19 所示的散点图，从图中可以看出前测和后测数据间存在线性关系。

接下来我们利用 SPSS 软件，采用协方差分析（Analysis of Covariance，ANCOVA）的方法来排除实验分组和前测数据可能对实验结果带来的干扰，ANCOVA 分析的结果如表 5－10 所示。

表 5-10 ANCOVA 分析结果数据

数据来源	Ⅲ型平方和	自由度	均方	F 值	Sig.
校正模型	4365.112[a]	3	1455.037	17.924	0.000
截距	8049.258	1	8049.258	99.157	0.000
Group	52.801	1	52.801	0.650	0.422
Pre_test	3697.196	1	3697.196	45.545	0.000
Group * Pre_test	5.254	1	5.254	0.065	0.800
误差	8604.788	106	81.177		
总计	615329.900	110			
校正的总计	12969.900	109			

注：a. $R^2 = 0.337$（Adjusted $R^2 = 0.318$）。

资料来源：笔者自制。

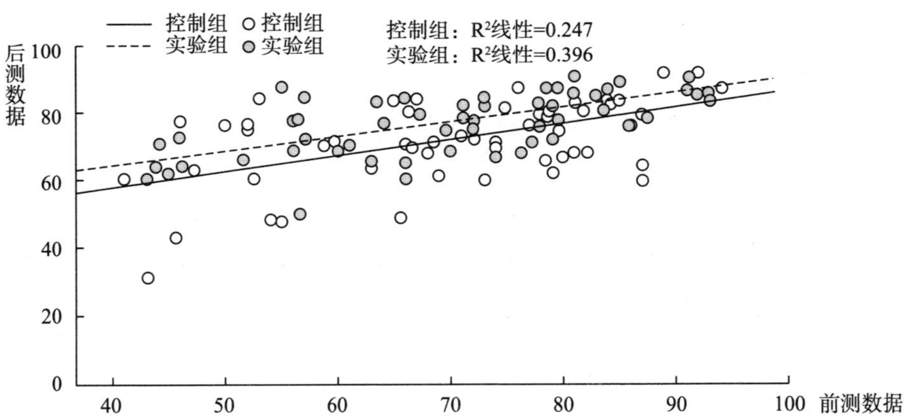

图 5-19 带路径相关系数的结构方程模型

资料来源：笔者自制。

在 ANCOVA 的分析结果中，分组和前测数据的交互作用检验 $p > 0.05$（$F = 0.065$，$p = 0.800$），满足回归分析的同质性假设前提，即分组和前测结果间交互作用不显著。以前测结果为协变量，后测结果为因变量，实验分组为控制变量，从 ANCOVA 分析的结果中可以看出，排除前测数据对后测结果的影响后，两组最终后测结果仍旧呈显著性差异（Chen 等，2014）。对后测结果数据进行独立样本 t 检验的结果如表 5-11 所示，可以看出基于情景感知学习环境的实验组学习者的后测成绩明显高于控制组，情景感知阿拉伯语学习系统有助于提升学习者的学习成绩。

表 5 – 11　后测数据结果

分组	人数	平均分	标准差	调整后均值	t 值	Sig.（双侧）	F 值	d 值
控制组	54	71.493	12.20	71.470	−2.42**	0.017	17.924***	0.464
实验组	56	76.418	8.96	76.438				

注：** $p<0.05$，*** $p<0.001$。
资料来源：笔者自制。

从后测结果数据来看，实验组与控制组呈现显著性差异，且实验组的平均成绩是 76.418，控制组的平均成绩是 71.493。另外根据 Cohen 在 1988 年提出的公式 5.5（Cohen，1988）：

$$d=\frac{M_1-M_2}{\sigma_{pooled}},M_1 \text{ 和 } M_2 \text{ 是两组数据的均值},\sigma_{pooled}=\sqrt{(\sigma_1^2+\sigma_2^2)/2} \quad (5.5)$$

求出 Cohen d 值为 0.464，按照 Cohen 提供的 Effect sizes 划分标准，“$d=0.2$”为“small”效应范围，“$d=0.5$”为“medium”效应范围，“$d=0.8$”为“large”效应范围，因此从实验结果来看属于“medium”效应范围，即情景感知学习系统对实验组近 70% 的学习者有促进作用，整体学习效果的提升作用为中等（Hwang & Chang，2011）。

第七节　小结

从实验结果来看，情景感知阿拉伯语泛在学习系统可以很好地支持阿拉伯语教学活动的开展，特别是利用混合云模式搭建的情景感知学习环境，不仅引入了微信应用平台作为学习者的登录和识别接口，同时也充分利用了先进的 3D 打印技术实现了阿拉伯语学习环境的物理化呈现。对于情景感知学习空间的学习者而言，利用手中的智能终端设备就可以实现情景感知学习空间的无缝融入，充分考虑了学习者现有的硬件基础设施和日常使用习惯。对于情景感知学习环境的设计人员而言，不需要再耗费大量精力来开发系统基础平台，特别是在用户信息识别和隐私保护等重要环节，而是可以专注于情景感知学习资源和学习环境的设计，他们可以更加专注于教学活动的完善和教学效果的分析。

从实验过后的问卷调查情况来看，学习者对努力预期和促进条件的评价较高，这也进一步说明了混合云模式的情景感知学习系统的设计更符合学习者的操作习惯和学习体验。社会影响的平均得分较低，则说明现有的情景感知学习系统在小组学习或社会化学习方面还有待提高，加大社交网络属性在情景感知学习中的比重是未来情景感知学习系统设计的一个重要考虑因素。行为习惯的平均得分较低主要是问卷调查项“我一定要使用情景感知移动学习来帮助我”的得分过低所导致，因此可以说学习者对情景感知这种创新型学习模式的认同度还有待提高，后期还需要在情景感知学习系统中增加更多有价值的学习资源，以进一步提升学习者对这种学习模式的认同感。

实验过程中，情景感知学习环境中的学习者在学习资源的学习上会投入更多的精力，特别是游戏化的3D打印模型在一定程度上增加了学习的乐趣，同时相比于传统学习模式，无论是学习资源的获取，还是学习内容的呈现，情景感知学习环境都更有优势。通过对前测、后测数据的分析，可以更加清晰地看到情景感知泛在学习系统在改善阿拉伯语课堂教学氛围的同时，在很大程度上提升了阿拉伯语的学习效果，实验组学习者的后测成绩明显高于控制组的成绩。因此，情景感知阿拉伯语泛在学习系统对于提升语言课程教学的学习效果具有积极的影响和作用。

第六章

结论与展望

随着“一带一路”倡议的不断推进，中外文化交流和贸易合作得到了日益增长，外语类人才，特别是小语种人才作为国家层面的人才资源，重要性正在凸显（王艳，2018）。本书所涉及的研究面向创新型教育技术在小语种语言教学中的应用，以情景感知技术作为泛在语言学习环境的实现基础，通过搭建混合云模式的系统运行框架，实现学习者在真实场景中的创新型学习体验。

在阿拉伯语本科专业学生中开展实证研究，使得本书研究的结论对于改进本科院校语言教学质量，提升学习者的学习体验更有实际应用的价值。基于混合云模式的情景感知学习系统可以很好地支持学习活动的开展，二维码作为情景感知学习资源的识别技术具有较低的使用成本和良好的兼容性，3D 打印模型在教学活动中的加入更是极大地激发了学习者的学习兴趣。通过发放基于 UTAUT2 理论设计的调查问卷，我们采集了学习者对情景感知学习系统的技术接受度数据，调查结果表明行为习惯、社会影响和便利条件等都是影响学习者行为意图的主要因素，而努力预期与行为意图呈现负相关关系，这与我们设计开发的基于微信应用的混合云模式情景感知学习系统的特点密切相关。对实验对象进行前测后测的结果也表明，实验组的后测成绩显著高于控制组，且整体学习效具的提升作用为中等（$d=0.464$）。

通过对创新型教育技术在小语种语言教学中的实证研究，本书有如下结论及展望。

第一节　创新型教育技术在小语种语言教学中的有效应用

1. 创新型教育技术与小语种语言教学的结合

教育技术经过了电化教育、多媒体教学和网络教学平台等多个发展阶段，现在正在迈入以泛在学习、移动学习、翻转课堂等为代表的智慧学习时代，计算机辅助语言学习长期以来都是教育技术的主要研究方向，同时原本抽象的语言也能够最大限度地发挥信息技术多元化呈现形式的特色，小语种教学过程中面临的诸多困难正好需要创新型教育技术发挥其价值来帮助解决，因此教育技术与小语种语言教学的结合具有很好的应用前景和实用价值。

当前我国小语种人才的培养仍旧面临师资水平参差不齐、教师知识结构有待提高、语言学习环境亟待改善等困难（杨晓京、佟加蒙，2008），小语种语言学习面临配套教材缺乏、课程教学模式落后、课程体系定位不清等问题（李太生，2009）。在完善小语种人才培养模式和课程体系结构的同时，应该积极引入创新型教育技术并应用到小语种语言教学中。通过改善语言学习环境和课程教学模式，特别是利用数字网络技术实现教学组织和管理，利用优质的数字媒体教学资源和移动网络信息共享优势，将泛在学习理念融入学习者的日常学习行为中，以创新型、智慧化的教育教学手段实现教育教学效果的不断提升。

移动网络和数字媒体技术在教学活动中的应用，并不仅仅是简单的教学形式改变和教学载体迁移，而是更加符合被称作数字原住民的年轻一代学习者的阅读习惯和学习方式。特别是近些年无处不在的智能手机应用对传统课堂教学带来的干扰，使得面对面的课堂教学模式亟须有效的改革，创新型教育技术在其中即发挥着无可替代的重要作用。在现有教学框架下，网络和数字媒体等创新型技术的使用，不仅可以提供给学习者不受时间、空间、设施等限制的学习环境，教师可以更加灵活地针对不同学习需求制定智能化的学习方案，同时通过学习者的反馈数据实时调整教学进度和教学内容，使得每位学习者都可以获得与自身状态相匹配的个性化学习服务。

对于小语种语言学习，“去语境化”的教学模式无法满足高端复合型语言人才培养的需要，文化情景的欠缺使得学习者对语言内涵的掌握差强人意（祝东江、李建来，2019）。创新型教育技术在语言教学中既可以扮演语言教学载体的角色，同时也扮演了语言学习引导者的角色。网络和数字媒体在教学活动中的使用，使得语言教学更加多样化和个性化，对学习者深入掌握语言的精髓和文化的内涵具有不可替代的作用。

2. 情景感知技术应用的基本原则

情景感知技术强调的是信息系统能够对所处环境中的人、物、设备等状态信息进行感知，并做出智能化反馈处理的过程（黄国青、陈雪，2017）。情景感知技术在语言教学活动中的应用，应该遵循如下一些原则（聂应高，2018）。

（1）泛在化学习环境设计

“无处不在，无时不在”的泛在化学习环境正是情景感知技术区别于传统网络教学模式的重要特征，摆脱了时间、空间、设备资源等的限制。学生可以结合自身情况进行按需学习，教学系统可以提供定制化的按需服务，打破了传统教学模式和网络教学平台带来的种种限制，移动互联网络和智能手机组成的泛在学习环境正是情景感知学习系统的实现基础。

（2）碎片化学习资源建设

随着智能手机的普及，人们对知识获取的习惯也在发生改变，特别是年轻一代学习者已经习惯于触摸屏操作和信息的快速阅读，例如 140 个字限制的微博就成了碎片化阅读时代的代表。阅读习惯的改变带来了知识获取能力的变化，传统教科书式的学习形式仍旧有效，但同时也有越来越多学习者开始习惯于片段式、跳跃性、高效率、个性化的碎片化学习服务（张丽英、梁曦，2015）。

情景感知学习环境中的学习者在移动网络的支持下，不断获取感知系统推荐的学习资源，这一过程使得碎片化和个性化的学习特点更加明显，因此在学习资源设计上一定要注意感知推荐的学习内容不能直接将传统的、按章节组织的网络教学课件直接推送到学习者的智能设备上，否则过多的学习负载反而会降低学习者的学习效果。学习资源设计上要具备学习目标清晰、内容简洁、跳转灵活等特点，每个知识点的学习时长应该控制在一定时间内。学习资源间应该相互独立，且便于按照不同主题进行组织和方便进行超链接的快速跳转。

（3）个性化学习路径支持

个性化学习是区别每个学生的个性特点和学习状态而采取不同的学习的方法、内容、进程、评价的过程，个性化学习既强调学习者之间的差异化识别，又重视有针对性的学习内容推送，因此也是智慧学习活动的重要体现（李广、姜英杰，2005）。

情景感知技术对学习空间中不同用户或物体状态的识别，是实现个性化学习的重要基础。对情景感知环境中的学习状态进行分析，即可对每一位学习者建立动态化和生成性的学习引导模式，对学习过程的追溯更是可以为每位同学建立独一无二的学习路径。另外，教师也可以通过对学习路径数据进行大数据分析，掌握学生对学习资源整体的学习情况，如各个知识点的学习顺序、测验的通过情况、学习者的学习偏好等，以此作为进一步完善学习资源设计与开发的重要依据。

（4）社会化交互学习体验

早期的情景感知技术更多的是关注感知环境中物体的识别与定位，以及人机交互的实现。但是在情景感知学习环境中，不仅有针对不同学习者的个性化学习活动，同时也有体现不同学习群体间关系的社会化学习行为（Social Learning）。社会化学习是指个人通过观摩他人的行为而进行潜移默化的学习，并最终形成新的行为或者改变原有行为习惯的过程，也可以是通过个人在社会情景中的学习以及交互进而促进群体学习的过程（段金菊等，2016）。社会化学习并不是一种创新型教学活动，通常小班教学、实践学习等活动中或多或少都会融入社会化学习因素，当然在很多面授式大班课堂中由于时间、人数等的制约，较少使用社会化学习。

情景感知学习系统不仅提供对个体学习者的学习服务，也可以提供学习群体进行虚拟化社会化学习的空间，同时社会化学习也是帮助学习者相互交流、协同促进的重要途径。我们设计的情景感知系统就基于具备社交网络属性的微信应用，学习者不仅可以通过微信应用扫描二维码授权的形式开展学习活动，同时也可以通过微信群实现群体的学习交流。另外，积极利用学习者熟悉的社交网络应用开展情景感知学习活动，本身也利用了学习者熟悉软件使用环境的特点，避免了软件使用环境的陌生感带来的抵触情绪。特别是对信息技术使用并不熟练的文科学生来讲，亲切熟悉的操作习惯是开展泛在学习活动的重要基础，前文所述的 UTAUT2 路径评价模型中，行为习惯对使用意图获得了相关性的最高分也说明了这一点。

3. 情景感知技术在语言教学应用中的注意事项

情景感知技术不仅仅是一项基于物联网的创新型内容推荐技术，同时也是一种以用户为核心、以普适计算为特色、以个性化服务为宗旨的智慧生活理念，这与传统教学和网络教学平台的教学设计思路都有较大不同，因此在将情景感知技术应用于语言教学活动中时，应该注意如下事项。

（1）减少交互操作带来的用户认知负载提升

移动学习时代的到来不仅使学习者可以更加方便地开展学习活动，同时也把远多于传统教学模式的大量信息推送到了学习者面前，因此在人机交互设计上需要特别注意避免因交互操作和呈现界面的复杂化带来的认知负载问题，例如过于烦琐的操作流程、缺乏合理化的学习引寻、没有明确的学习反馈等。有研究表明，对信息技术的不适应会带来认知负载问题，进而引发学习者的消极情绪，如感到紧张、苦恼等（Choi & Lim，2016）。因此，在情景感知学习系统设计时，应该尽可能简化学习者的操作步骤并提供简洁清晰的操作指引，同时配合智能识别或智能匹配技术，减少对学习者状态感知过程中的认知干扰。另外，在学习资源的浏览过程中，可以充分利用智能手机触摸操作的优势，以及手机中各种传感器设备识别的情景数据（如摄像头、重力传感器、速度传感器等），通过智能化场景生成技术来减少交互操作带来的用户认知负载。

（2）降低设备和软件使用门槛

情景感知系统的实现，离不开各类智能化设备的支持。基于物联网技术的情景感知环境非常依赖传感器设备实现的物体定位技术，但同时复杂的传感器设备也在一定程度上提升了情景感知系统实现的门槛。以用于室内定位的 RFID 标签为例，一张 RFID 标签的价格几元到几十元不等，同时还需要配备价格更高的 RFID 读取设备，因此，尽管 RFID 技术能够很好地支持情景感知环境的搭建，但是对于成本有限的教学环境而言并不适合大范围推广。真实的教学环境中，学习者能够随身携带的设备通常就是一部带摄像功能的智能手机，二维码识别技术除了需要打印二维码图片外，基本不再需要添加其他设备，并且智能手机操作系统大都支持二维码识别操作，不需要开发额外的标签识别代码，因此可以最大限度地降低情景感知系统对设备和软件使用的要求和限制，从而把更多精力用于学习资源和推荐系统的设计和开发工作。

（3）增强情景感知系统使用的娱乐性

情景感知学习系统相比网络教学平台有更强的融入感和沉浸感，学习者在互动学习空间中可以更好地投入系统营造的学习活动中。但同时也要注意，过于单一的学习体验会影响学生的学习兴趣，因此无论是在学习资源的开发上，还是学习活动的设计上，都要考虑增强情景感知学习活动的娱乐性，避免学习活动单一带来的学习惰性增加，进而影响有效学习的发生（樊琪、程佳莉，2008）。

在实证研究中，我们专门设计了利用3D打印技术建立的真实场景模拟，同时还开发了3D模型的拼图游戏。通过对学习者进行对话访谈，我们发现很多学生对用3D打印模型进行拼图游戏的过程印象深刻。情景感知学习过程可以很好地吸引学生的注意力，同时将这种基于实物的动手操作融入学习过程中，可以让学生在建立情景的同时更好地提升学习乐趣，从而加深学习的印象和学习效果。

第二节　面向未来的小语种语言教学发展方向

1. 打造基于云平台的学习空间

泛在化、移动化、社会化、智能化是小语种语言教学未来的发展方向，而要实现这些特征离不开功能完善、使用便捷的平台支持。传统观念中利用服务器（Servers）承载网络教学平台的模式仍旧可以使用，但无论是客户端/服务器（Client/Server）模式，还是浏览器/服务器（Browser/Server）模式，都对使用者在技术和资金上有极高的要求，特别是后期的维护压力会随着系统运行时间的增长而增加，对于缺乏资金和技术支持的教学环境来讲，往往会导致后期教学平台难以为继。进入大数据时代，我们对海量数据的存储、处理和反应速度的要求更是越来越高，传统的单一服务器模式往往不能满足创新型网络教学环境的需求。

云平台的概念是基于云计算（Cloud Computing）发展而来的，美国国家标准与技术研究院（NIST）对云计算的定义是一种通过网络以便捷、按需的形式从可共享配置的计算资源池（带宽、服务器、存储、应用和服务）中获得服务，且这些资源可以通过最小成本的管理工作或服务提供商快速提供和发布的业务模式（Mell&Grance，2012）。基于云计算理念搭建的服务平台就可以称为云平台，而对于终端用户来讲，云平台后台的处理过程是透明化的，即我们只需要考虑需要申请哪些服务和计算资源，其他工作由云平台智能化分配完成，并将计算结果反馈给终端用户。

因此，基于云计算的云学习平台将更加适合未来教学的需要，同时教师和教学管理人员能将更多的精力放到教学活动设计和学习资源建设上。本研究中，设计并实现的基于混合云模式的情景感知泛在语言学习环境，更是进一步发挥了公有云和私有云两种主要云平台各自的特点，一方面利用公有云完善的用户管理机制和应用程序的跨平台特点，通过开放授权协议实现对个人用户信息的获取与识别，既减少了传统的网络教学平台复杂的用户管理操作，同时也避免了开发跨平台移动应用时面临的重复开发和系统兼容等诸多问题，并且充分利用现有的移动应用，降低了教学平台的使用难度，避免了人机交互界面开发不成熟导致的使用者抵触情绪。另一方面，大量具有版权属性的学习资源和学习数据放置于私有云平台，既可以很好地保护教师的知识产权，避免教师制作的教学课件泄露的风险，同时基于校园无线网的私有云平台，对于学习者来讲不仅网络连接速度能够得到保证，而且不需要连接运营商网络，基本做到了学习全过程没有额外花费。另外，隔绝了外网访问的校园网（校园网内使用者可以连接互联网，校园网外不允许访问内网服务器），在数据安全保护方面也更加易于开展，避免了公有云平台下经常遭到网络攻击和信息泄露等安全性问题。

2. 智能化的语言学习服务

小语种语言教学的另一个重要发展方向是智能化程度不断加深，特别是近些年发展飞速的人工智能（Artificial Intelligence，AI）技术，将为未来的语言教学提供更多可能。人工智能是1956年由Mc Carthy等科学家在Dartmouth学会上正式提出的，被人们称为世界三大尖端技术之一（邹蕾、张先锋，2012）。进入21世纪，随着处理器运算能力的提升与以统计学和人工神经网络研究为基础的计算机算法不断改进，以机器学习（Machine Learning，ML）和深度学习（Deep Learning，DL）为代表的人工智能技术得到越来越多研究领域的青睐，甚至随着人工智能技术的发展带来了这些领域的深刻改变。教育人工智能（Educational Artificial Intelligence，EAI）即是将人工智能与教育科学相结合的一个新的研究领域（闫志明等，2017），促进自适应学习环境的发展和人工智能工具在教育中高效、灵活、个性化的使用，使用更加精确的计算分析和清晰的形式展现教育学、心理学和社会学中含糊不清的知识成为教育人工智能的两个重要目标（Luckin&Holmes，2016）。人工智能技术在教育领域的应用可以让我们更加深入、全面、细致地了解学习活动是如何开展和如何与周围环境建立关联的。专家系统（Expert Systems）、自然语言处理（Natural Language Processing）、模式识别（Pattern Recognition）、情感计算（Affective Computing）等是人工智能技术在教育领域最具前景的研究方向，特别是模式识别技术将对感知识别领域未来的发展起到重要的促进作用。

模式识别的研究在20世纪80年代就已经出现，早期的研究通过构建人工智能程序实现了对数字的识别（陈星沅等，2015），随着以模拟人类大脑的思维方式建立人工神经网络来实现对数据分析的深度学习技术的出现，模式识别领域也得到了进一步发展，特别是诸如受限玻尔兹曼机和卷积神经网络等深度学习模型的出现，通过合适的图片训练集即可大大提高计算机对图片内容判断的准确度（Druzhkov&Kustikova，2016）。例如英国的FastCompany公司设计的Smartify①软件，即通过模式识别技术实现了对博物馆绘画作品的在线智能化识别，当智能手机中安装了

① 关于Smartify应用的更多介绍，可以参考官方网站：https://smartify.org/venues中的介绍。该软件的使用非常简单，仅需要使用手机摄像头拍摄目标作品即可。以笔者在伦敦NationalGallery的试用情况来看，目前仅仅支持绘画作品的识别，且对于画面灰暗或画面对比度低的作品识别率还不能令人满意，但是这种仅依靠摄像头就可以实现的情景识别技术是一种易用性和可行性都极高的设计模式。

Smartify App 应用后，再进入博物馆中就可以直接通过手机摄像头拍摄不同的绘画作品，该软件会自动将绘画作品的详细信息反馈到手机屏幕上。经过笔者的实际测试，Smartify App 应用可以在光照条件充足的情况下，正确识别大部分绘画作品，图 6－1 显示的即是使用 Smartify App 软件扫描并识别绘画作品的过程。另一方面由于智能手机运算设备的限制以及人工智能算法仍旧有提升空间，该软件对于立体化物体和画面内容相近的绘画作品仍旧不能很好地识别。但是，Smartify App 这类基于模式识别和人工智能技术应用的出现，也为未来情景感知系统的设计提供了新的方向，即感知环境中物体的识别不再依赖各类传感器设备的使用，而是依靠信息采集设备（如摄像头、麦克风等）和人工智能算法的设计，实现复杂情景感知环境的建立。

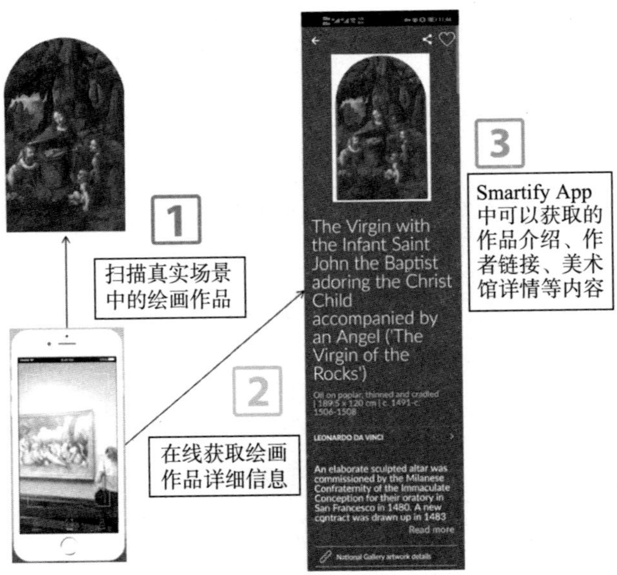

图 6－1　Smartify 软件界面和使用效果

资料来源：Smartify App 应用截图。

当然，现阶段人工智能技术的应用对计算机处理器的运算能力要求还比较高，智能手机这类移动设备在运算速度、实时性，以及图像匹配的准确率方面还不能完全满足需要。在可以预见的未来，随着智能手机运算速度的提升和新的人工智能构架的出现，通过智能手机摄像头采集图像信息，并利用人工智能技术实现对当前场景物体的智能化判断，将可以取代现有的物体感知技术，成为未来情景感知系统实现的重要基础，到那时情景感知学习环境的设计将会更加复杂、灵活和智能化。

教育人工智能的发展同时也面临隐私风险和社会伦理问题。人工智能在使用过程中会大量采集用户数据并进行分析，同时也存在数据泄漏的风险，世界各国对数据安全的法律和政策保护都还在制定和完善过程中，不断出现的数据安全事故也在提醒人们人工智能时代的数据安全如果得不到保障，则可能会给我们的生活带来越发严重的影响。人工智能技术在使用过程中带来的社会伦理问题更加隐蔽且难以解决，在人们越来越依赖人工智能提供各项服务的同时，甚至会出现“人工智能比我们自己更加理解我们”的误解，而以深度学习等为代表的人工智能技术“黑盒化”运算过程使得我们对人工智能进化的结果几乎无法控制。相关法律法规的欠缺导致一旦人工智能技术出现社会伦理问题，我们几乎没有行之有效的解决方案（吴汉东，2017）。

因此，一方面人工智能技术是未来教育教学领域不可或缺的重要研究方向，而且在可以预见的未来必将会对语言教学产生重大的影响，但是在另一方面也要合理地引导人工智能技术在教学活动中的使用，防范可能出现的数据安全风险和社会伦理问题，真正安全可靠地使用创新型信息技术去改变语言教学生态，为学习者提供更加智能化的学习服务。

3. 虚实结合的语言学习环境

语言教学的内容是抽象化的文字符号和声音视频，信息技术在方便学习资源获取的同时，也提供了更多现代化语言教学资源的展示形式。虚拟现实（Virtual Reality，VR）和增强现实（Augmented Reality，AR）都是利用计算机图形技术，生成虚拟化、带有交互效果的立体图像，并给使用者带来接近真实的沉浸感和体验感。其中虚拟现实完全由计算机控制生成三维立体图像，所有的场景都以虚拟化的形式呈现，沉浸感（Immersion）、交互性（Interactivity）和想象力（Imagination）是虚拟现实的三个主要特征。增强现实感则是利用计算机图形图像技术将摄像头拍摄到的真实世界景象与虚拟画面信息叠加，实现虚实结合的画面效果，增强现实强调的是利用交互性虚拟画面增强使用者对现实世界的体验感受（蔡苏、张晗，2017）。

增强现实技术的虚实结合特点，对于情景感知语言学习环境来讲是非常有价值的。例如华东师范大学开发的一款移动增强现实教育游戏——“快乐寻宝”，不仅可以通过 GPS 实现室外定位，同时还能根据方向传感器、实景标记以及其他传感获得的数据，在智能终端设备屏幕上实现虚拟信息与场景画面的叠加（陈向东、曹杨璐，2015）。北京师范大学蔡苏团队研发的微观粒子交互式实验，利用增强现实学习工具开发了针对中学化学课程的课件，该工具通过摄像头捕获实景拍摄的特殊捕获标签，来显示虚拟化的立体分子结构模型，增强现实呈现效果如图 6－2 a）所示（Cai 等，2014）。同样是北京师范大学蔡苏团队开发的识字系统——“快乐记单词”，该软件利用增强现实技术辅助学龄前儿童的英语词汇学习，通过扫描文字即可在手机上呈现叠加实景文字的虚拟物体画面，效果如图 6－2 b）所示（He 等，2014）。

研究表明，增强现实技术对于学习过程中的沉浸感和学习兴趣都有积极的影响，除个别学习者觉得关于枯燥而放弃学习外，对于大部分学习者而言该技术对提升学习效果有积极的影响（杨文阳、胡卫平，2017）。因此，在情景感知语言学习系统的设计过程中，可以适当增加虚拟现实和增强现实技术的应用，通过提升学习过程中的交互性和学习乐趣来带动学习者的学习积极性，同时在虚拟现实和增强现实技术的应用过程中，也要注意移动终端设备对虚拟化图形运算的支持能力和学习者与虚拟环境间交互带来的认知负载影响。

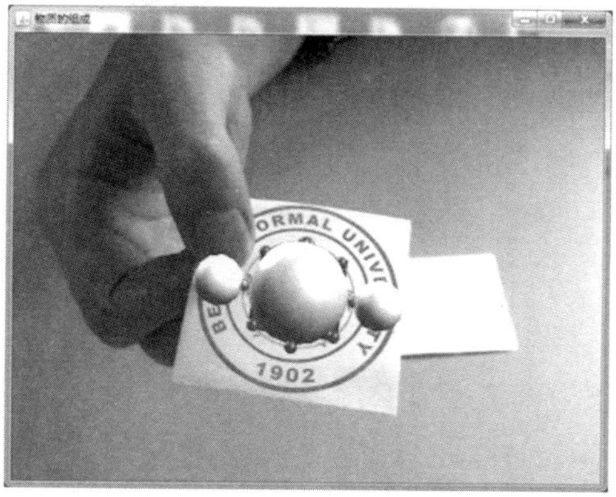

a)

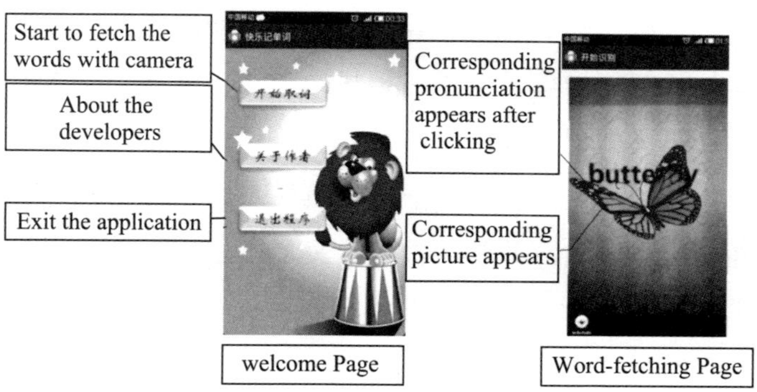

b)

图 6－2　利用特殊标签实现的增强现实显示效果

资料来源：图片 a 来源：https://ars.els-cdn.com/content/image/1－s2.0－S0747563214002271－gr5.jpg；图片 b 来源：https://ieeexplore.ieee.org/document/6901503/figures#figures。

第三节　研究不足和展望

本书对情景感知技术在小语种语言教学中的实现框架和关键技术进行了深入研究，并通过实证分析的方法验证了情景感知技术对小语种语言学习的可行性和有效性，同时研究中还存在如下不足。

1. 研究对象单一，实验样本有限

本书中所涉及研究的对象为阿拉伯语专业本科一年级学生，样本选择面较窄，且参与实验的学生来自单一专业。如果需要对情景感知技术在教学活动中进行更加全面的评价，还需要进行更大范围的实证研究。另外，参与本次实证研究的110名学生中，男生有30人，女生有80人，女生较高的占比也是文科院校的特色，但同时也使得本次研究无法将性别、年龄等作为调节变量来分析性别和不同年龄段对情景感知技术接受度的差异。

2. 智能推荐技术有待深入研究

智能推荐是人工智能技术在教育教学领域的重要应用，本研究中设计的基于本体的智能推荐技术还是依靠人工建立的学习资源本体库，同时结合学生在不同知识点的测验结果，依照预先设定的知识点关联进行学习资源的智能推荐，因此现有学习环境使用的还是比较初级的智能推荐技术。随着大数据和机器学习技术的发展，依据学习者学习状态和学习者群体学习偏好，自动生成并进行实时调整的智能推荐技术将更加符合面向未来的个性化学习需要。由于条件和技术所限，本研究并未在基于高阶人工智能技术的智能推荐领域进行深入研究，这是以后的研究中需要重点加强的。

3. 社群学习效果有待深入挖掘

本研究中搭建的混合云模式情景感知语言学习环境，依托智能手机端的主流社交网络应用，微信应用不仅在情景感知学习系统中扮演用户身份识别和学习资源呈现的角色，同时微信应用自身鲜明的社交应用属性，使得学习者在进行情景感知语言学习过程中，也可以享受到社会化学习的乐趣。实际上，尽管实验中没有涉及社会化学习的环节，但是学习者相互之间还是通过微信应用在不断进行社群交流。在后续的研究中，可以针对社交网络在情景感知学习活动中的开展，进行更加深入、完整的研究，以了解情景感知环境下，学习者与情景感知系统以及学习者之间的相互关系和影响。

总之，通过本书的详细介绍，我们实现了情景感知技术在小语种语言教学活动中的应用，特别是混合云模式搭建的情景感知学习环境，在提供更加便捷的用户管理和身份识别功能的同时，减少了陌生应用环境给学习者带来的疏离感和学习负载。基于学习者个人学习状态和学习路径和智能推荐系统可以在一定程度上提高学习效率和学习积极性，实验结果也表明，情景感知语言学习环境可以有效地提升学习者的学习成绩。另外，基于混合云模式的情景感知语言学习系统可以充分利用学习者的操作习惯和设备资源，通过 3D 打印技术生成的辅助性教具提升了教学趣味性，对增强语言教学中的学习体验具有积极的作用。对于本研究中存在的不足之处，例如学习系统的智慧化程度和学习活动的沉浸感体验将作为未来研究的重要方向，在后续研究中不断充实和完善。

参考文献

[1]〔加拿大〕安德鲁·里平，2017，《〈古兰经〉研究评述》上，马睿智译，《中国穆斯林》第5期。

[2] 包金龙，2007，《B2C网站顾客忠诚影响因素实证分析》，《华东经济管理》第9期。

[3] 毕京学、甄杰、郭英，2016，《Android手机GPS和A-GPS定位精度分析》，《测绘通报》第7期。

[4] 蔡苏、张晗，2017，《VR/AR教育应用案例及发展趋势》，《数字教育》第3期。

[5] 蔡武，2016，《可穿戴技术的教育应用研究前沿述评》，《海外华文教育》第5期。

[6] 曾子明、陈贝贝，2015，《移动环境下基于情境感知的个性化阅读推荐研究》，《情报理论与实践》第12期。

[7] 常庆生、唐四元、常青，2000，《GPS测量的误差及精度控制》，《测绘通报》第4期。

[8] 常淑丽、苗萌、曾筝，2011，《英语专业听力教学的认知情景模块整合法研究》，《成都电子机械高等专科学校学报》第3期。

[9] 陈荆花、王洁，2010，《浅析手机二维码在物联网中的应用及发展》，《电信科学》第4期。

[10] 陈敏、余胜泉，2015，《泛在学习环境下感知学习过程情境的推

荐系统设计》,《电化教育研究》第4期。

[11] 陈向东、曹杨璐,2015,《移动增强现实教育游戏的开发——以“快乐寻宝”为例》,《现代教育技术》第4期。

[12] 陈星沅、姜文博、张培楠,2015,《深度学习和机器学习及模式识别的研究》,《科技资讯》第31期。

[13] 陈媛嫄、刘正捷,2011,《移动情境感知及其交互研究》,《计算机应用研究》第12期。

[14] 电子发烧友,《你知道你的智能手机里隐藏了哪13种传感器吗?》,http://www.elecfans.com/article/88/142/2017/20171202591737.html,2018-07-12。

[15] 丁天华,2012,《我国小学英语任务型语言教学研究的十年回顾与思考》,《课程·教材·教法》第10期。

[16] 杜丽萍、虞慧群,2006,《一种感知情景的存取控制策略的规范和分析方法》,《华东理工大学学报》(自然科学版)第9期。

[17] 段金菊、余胜泉、吴鹏飞,2016,《社会化学习的研究视角及其演化趋势——基于开放知识社区的分析》,《远程教育杂志》第3期。

[18] 樊琪、程佳莉,2008,《学习惰性研究综述》,《心理科学》第6期。

[19] 傅骞、王辞晓,2014,《当创客遇上STEAM教育》,《现代教育技术》第10期。

[20] 葛桂丽、袁凌云、王兴超,2017,《基于情境感知的用户个性化兴趣建模》,《计算机应用研究》第4期。

[21] 龚海燕、曾德科,2018,《任务驱动模式在小语种教学中的运用探析》,《当代教育实践与教学研究》第3期。

[22] 顾小清、付世容,2011,《移动学习的用户接受度实证研究》,《电化教育研究》第6期。

[23] 韩娟娟,2015,《高校图书馆微信公众账号服务研究——以“211”

高校为例》，《图书馆学研究》第11期。

[24] 何莉莉，2014，《中美小语种教育比较研究》，硕士学位论文，广西大学。

[25] 何克抗，2014，《从“翻转课堂”的本质，看“翻转课堂”在我国的未来发展》，《电化教育研究》第7期。

[26] 何欣、宋亚林、安健、桂小林，2011，《移动感知物联网技术研究》，《计算机应用研究》第7期。

[27] 后圆圆、孙亚红，2017，《一种基于规则的情境感知系统设计与实现》，《高等数学研究》第4期。

[28] 胡培俊，1994，《汉语汉字的深层文化意蕴》，《汉江论坛》第4期。

[29] 胡永利、孙艳丰、尹宝才，2012，《物联网信息感知与交互技术》，《计算机学报》第6期。

[30] 华佳烽、李凤华、郭云川、耿魁、牛犇，2016，《信息交换过程中的隐私保护技术研究》，《网络与信息安全学报》第3期。

[31] 黄国青、陈雪，2017，《基于情景感知与UTAUT的共享单车使用意愿研究》，《消费经济》第3期。

[32] 黄荣怀、杨俊锋、胡永斌，2012，《从数字学习环境到智慧学习环境——学习环境的变革与趋势》，《开放教育研究》第1期。

[33] 黄荣怀，2014，《智慧教育的三重境界：从环境、模式到体制》，《现代远程教育研究》第6期。

[34] 黄志芳、赵呈领、黄祥玉、万力勇、陈智慧，2015，《基于情境感知的适应性学习路径推荐研究》，《电化教育研究》第5期。

[35] 焦豪，2011，《双元型组织竞争优势的构建路径：基于动态能力理论的实证研究》，《管理世界》第11期。

[36] 焦玉英、袁静，2008，《基于情景模型的数字图书馆个性化服务研究》，《中国图书馆学报》第6期。

[37] 康叶钦，2014，《在线教育的“后MOOC时代”——SPOC解析》，

《清华大学教育研究》第1期。

[38] 郎瑾，2012，《情景化教学法在德语教学中的运用探究》，《浙江科技学院学报》第2期。

[39] 雷霏，2018，《基于“V-D-W-C-R”模式的第二外语翻转课堂教学改革研究》，《中国教育信息化》第16期。

[40] 黎昌抱，2009，《王佐良翻译观探析》，《中国翻译》第3期。

[41] 李宝鸿，2002，《计算机辅助语言教学现状与前瞻》，《西安外国语学院学报》第1期。

[42] 李枫林、陈德鑫，2016，《社会情景感知计算及其关键技术研究》，《图书情报工作》第9期。

[43] 李广、姜英杰，2005，《个性化学习的理论建构与特征分析》，《东北师大学报》（哲学社会科学版）第3期。

[44] 李浩君、张芳，2018，《活动理论视角下移动设备情境感知信息推荐服务研究——基于情境本体建模与规则推理》，《情报杂志》第3期。

[45] 李俊宏、湛邵斌，2009，《条码技术的发展及应用》，《计算机与数字工程》第12期。

[46] 李青、王青，2013，《3D打印：一种新兴的学习技术》，《远程教育杂志》第4期。

[47] 李书宁，2008，《情景敏感数字图书馆服务系统用户情景的本体建模》，《情报资料工作》第6期。

[48] 李太生，2009，《高职非通用语应用型人才培养现状及对策研究》，《中国成人教育》第6期。

[49] 李文昊、祝智庭，2006，《学习资源应用情境的建模：实用学的技术关键》，《电化教育研究》第7期。

[50] 李晓东、王保云，2017，《基于情境感知的大学英语翻转课堂模式研究》，《外语电化教学》第6期。

[51] 李晓东、张虹，2013，《基于情境感知的移动英语学习软件设计与应用》，《现代教育技术》第5期。

[52] 李小涛、高海燕、邹佳人、万昆，2016，《“互联网+”背景下的STEAM教育到创客教育之变迁——从基于项目的学习到创新能力的培养》，《远程教育杂志》第1期。

[53] 李意，2003，《重温塔哈侯赛因的教育思想》，《阿拉伯世界》第3期。

[54] 李征娅，2015，《国外计算机辅助语言学习研究综述》，《西安文理学院学报》（社会科学版）第5期。

[55] 梁乐明、曹俏俏、张宝辉，2013，《微课程设计模式研究——基于国内外微课程的对比分析》，《开放教育研究》第1期。

[56] 廖宏建、曲哲，2014，《基于LBS的情境感知微学习系统设计与应用》，《现代教育技术》第8期。

[57] 刘开古，1987，《浅说阿拉伯语的起源》，《阿拉伯世界》第4期。

[58] 刘美凤，2004，《解析美国教育技术的三条历史发展线索》，《比较教育研究》第8期。

[59] 刘淑珍，2009，《大学生对多媒体环境下互动学习模式的态度研究》，《电化教育研究》第7期。

[60] 刘炜、李大玲、夏翠娟，2004，《元数据与知识本体》，《图书馆杂志》第6期。

[61] 龙凯音、王婧婧，2014，《阿拉伯文书法创作研究》，《艺术研究》第4期。

[62] 娄伟红、陈明瑶，2017，《大学英语“翻转课堂”之管窥：本土化视角》，《外语教学》第5期。

[63] 马文娟，2018，《西北五省区高校阿拉伯语教学策略现状调查研究》，《开封教育学院学报》第9期。

[64] 孟凡立、陈琳，2014，《基于微信公众平台的移动学习空间构建研

究》，《现代教育技术》第 10 期。

[65] 孟霞、吕廷杰、李海强，2008，《基于情景感知的相关推荐信息挖掘研究》，《微计算机应用》第 11 期。

[66] 聂应高，2018，《基于情景感知融合的图书馆微服务框架构建》，《图书馆学研究》第 20 期。

[67] 潘继财，2009，《二维条码技术及应用浅析》，《商场现代化》第 9 期。

[68] 钱玉彬，2016，《计算机辅助语言学习环境下词汇的学习研究——基于 Evernote 的实证研究》，《现代教育技术》第 3 期。

[69] 任雪斌、杨新宇、杨树森、张海，2019，《大数据处理和分析中的隐私保护研究综述》，《西北大学学报》（自然科学版）第 1 期。

[70] 苏静，2016，《任务驱动模式在小语种教学中的行动研究》，《黑龙江教育学院学报》第 7 期。

[71] 塔卫刚、张际平，2018，《我国学习空间研究的进展与前瞻——兼论“人工智能 + 教育”视域下学习空间未来发展》，《远程教育杂志》第 6 期。

[72] 唐红丽、黄亚楠，2018，《第三届中美智慧教育大会在京开幕》，http://www.cssn.cn/zx/bwyc/201803/t20180318_3879292.shtml。

[73] 田嵩、雷东升，2013，《开放授权协议在云学习中的应用研究》，《数学的实践与认识》第 4 期。

[74] 田嵩、魏启荣，2014，《混合云模式下移动学习环境的设计与实现——以微信公共平台下阿拉伯语课程学习为例》，《开放教育研究》第 6 期。

[75] 田嵩，2016，《基于轻应用的移动学习内容呈现模式研究——以“瀑布流”式布局体验为例》，《电化教育研究》第 2 期。

[76] 田嵩，2018，《开放话语课堂环境构建及实效验证》，《现代远程教育研究》第 3 期。

[77] 万亚红、黄樟钦、陈旭辉、霍团团，2004，《基于主动推理的情境感知系统框架》，《计算机工程》第12期。

[78] 汪方胜、侯立文、蒋馥，2005，《领域本体建立的方法研究》，《情报科学》第2期。

[79] 汪基德，2007，《中国教育技术学科的发展与反思》，博士学位论文，西北师范大学。

[80] 汪月鹏，2016，《智能家居系统中情景感知技术的研究与应用》，硕士学位论文，北京工业大学。

[81] 王传安、吴长勤、赵海燕，2012，《情景感知的本体网络化学习系统模型研究》，《武汉工程大学学报》第5期。

[82] 王恒宝，1988，《外语语言教学与现代教育技术》，《外语电化教学》第4期。

[83] 王辉、王亚蓝，2016，《"一带一路"沿线国家语言状况》，《语言战略研究》第2期。

[84] 王立才、孟祥武、张玉洁，2012，《上下文感知推荐系统》，《软件学报》第1期。

[85] 王萍，2013a，《3D打印及其教育应用初探》，《中国远程教育》第8期。

[86] 王萍，2013b，《微信移动学习的支持功能与设计原则分析》，《远程教育杂志》第6期。

[87] 王守仁、王海啸，2011，《我国高校大学英语教学现状调查及大学英语教学改革与发展方向》，《中国外语》第5期。

[88] 王涛，2014，《基于OAuth2.0协议的微信公众平台开发研究》，《福建电脑》第12期。

[89] 王兴国，2016，《大数据时代下网络学习资源现状调研及对策》，《辽宁行政学院学报》第2期。

[90] 王艳，2018，《小语种人才培养的研究综述》，《教育现代化》第

24 期。

[91] 微信公众平台，2018，《微信网页授权》，https://mp.weixin.qq.com/wiki? t = resource/res_main&id = mp1421140842。

[92] 魏启荣，2013，《从阿拉伯 - 伊斯兰文化的维度浅谈阿拉伯语教学》，《中国穆斯林》第 3 期。

[93] 吴冬晨，2016，《基于校园网的微信连 Wi - Fi 功能的应用研究》，《电脑知识与技术》第 13 期。

[94] 吴汉东，2017，《人工智能时代的制度安排与法律规制》，《法律科学》（西北政法大学学报）第 5 期。

[95] 吴吉义、平玲娣、潘雪增、李卓，2009，《云计算：从概念到平台》，《电信科学》第 12 期。

[96] 吴子珺、朱翔宇、王雪，2017，《智慧博物馆情境感知微型学习模式研究》，《科技广场》第 10 期。

[97] 席仲恩、汪顺玉，2007，《论负克伦巴赫 alpha 系数和分半信度系数》，《重庆邮电大学学报》（自然科学版）第 6 期。

[98] 谢晓林、余胜泉、程罡、黄烨敏，2007，《网络教学平台的新发展》，《开放教育研究》第 5 期。

[99] 徐贺兵、赵鹤，2016，《国内移动语言学习研究现状与问题》，《牡丹江师范学院学报》（哲学社会科学版）第 1 期。

[100] 闫志明、唐夏夏、秦旋、张飞、段元美，2017，《教育人工智能（EAI）的内涵、关键技术与应用趋势——美国〈为人工智能的未来做好准备〉和〈国家人工智能研发战略规划〉报告解析》，《远程教育杂志》第 1 期。

[101] 杨桂松、徐慧芬、何杏宇、王莉，2016，《基于物联网技术的情景感知教学模式》，《软件》第 6 期。

[102] 杨开城，2010，《教育技术学何以作为一门学科》，《现代远程教育研究》第 6 期。

[103] 杨丽娜、魏永红，2014，《情境化的泛在学习资源智能推荐研究》，《电化教育研究》第10期。

[104] 杨文阳、胡卫平，2017，《AR移动科学游戏沉浸感特征及影响因素分析》，《现代远程教育研究》第3期。

[105] 杨现民、余胜泉，2013，《生态学视角下的泛在学习环境设计》，《教育研究》第3期。

[106] 杨小琴，2008，《英语课中的文化知识教学》，《理论建设》第6期。

[107] 杨晓京、佟加蒙，2008，《中国非通用语人才培养现状及发展对策研究》，《世界教育信息》第5期。

[108] 余胜泉、程罡、董京峰，2009，《e-Learning新解：网络教学范式的转换》，《远程教育杂志》第3期。

[109] 余胜泉、何克抗，2001，《网络教学平台的体系结构与功能》，《中国电化教育》第8期。

[110] 余胜泉、胡翔，2015，《STEM教育理念与跨学科整合模式》，《开放教育研究》第4期。

[111] 余胜泉，2007，《从知识传递到认知建构、再到情境认知——三代移动学习的发展与展望》，《中国电化教育》第6期。

[112] 詹宏伟、宋慧娜、周颖洁，2012，《二语习得理论与计算机辅助语言学习之间的关系》，《英语研究》第2期。

[113] 张继东、骆莎莎，2018，《基于情景化偏好的移动图书馆用户行为感知研究》，《情报科学》第9期。

[114] 张丽英、梁曦，2015，《碎片化阅读背景下图书馆用户服务的整体化发展策略探讨》，《图书馆杂志》第8期。

[115] 张翼、林鹏辉，2009，《情景感知业务的价值链研究》，《北京邮电大学学报》（社会科学版）第5期。

[116] 张应语、张梦佳、王强、任莹、马阳光、马爽、邵伟、尹世久、

石忠国，2015，《基于感知收益－感知风险框架的O2O模式下生鲜农产品购买意愿研究》，《中国软科学》第6期。

[117] 赵英玲，2004，《沃尔夫森膨胀理论综述》，《长春师范学院学报》第3期。

[118] 郑春萍，2015，《计算机辅助语言学习的国际动态与研究热点——2010～2014年CALL论文关键词分析》，《现代教育技术》第5期。

[119] 钟柏昌，2012，《教育技术定义：争论与解读》，《开放教育研究》第3期。

[120] 周洪伟，2012，《正态性检验的几种常用的方法》，《南京晓庄学院学报》第3期。

[121] 周烈，2010，《新中国的阿拉伯语教学与研究》，《西亚非洲》第4期。

[122] 周云，2016，《移动互联视域下的大学英语智慧教学模式研究》，《现代教育技术》第12期。

[123] 祝东江、李建来，2019，《"一带一路"背景下的翻译人才培养》，《汉江师范学院学报》第1期。

[124] 祝智庭，2001，《教育信息化：教育技术的新高地》，《中国电化教育》第2期。

[125] 邹蕾、张先锋，2012，《人工智能及其发展应用》，《信息网络安全》第2期。

[126] J. Michael Spector、任友群、郑旭东，2016，《教育技术的历史》，《电化教育研究》第2期。

[127] Ajzen I. 1991. "The Theory of Planned Behavior," *Organizational Behavior & Human Decision Processes* 50 (2): 179－211.

[128] Al-Awidi H. M. 2014. "Ismail S. A. Teachers´ Perceptions of the Use of Computer Assisted Language Learning to Develop Children's Reading Skills in English as a Second Language in the United Arab E-

mirates," *Early Childhood Education Journal* 42 (1): 29 - 37.

[129] Baldauf M., Dustdar S., Rosenberg F. 2007. "A Survey on Context-aware Systems," *International Journal of Ad Hoc and Ubiquitous Computing* 2 (4): 263 - 277.

[130] Bansal M., Chana I., Clarke S. 2017. "Enablement of IoT Based Context-Aware Smart Home with Fog Computing," *Journal of Cases on Information Technology* 19 (4): 1 - 12.

[131] Borrego-Jaraba F., Gonzalo CerruelaGarcía, Ruiz I. L., et al. 2013. "An NFC based Context-aware Solution for Access to Bibliographic Sources in University Environments," *Journal of Ambient Intelligence and Smart Environments* 5 (1): 105 - 118.

[132] Brown M. G. 1996. *Supporting User Mobility*. Mobile Communications.

[133] Cai S., Wang X., Chiang F. K. 2014. "A Case Study of Augmented Reality Simulation System Application in a Chemistry Course," *Computers in Human Behavior* 37: 31 - 40.

[134] Cano J. C., Manzoni P., Toh C. K. 2006. "UbiqMuseum: A Bluetooth and Java Based Context-Aware System for Ubiquitous Computing," *Wireless Personal Communications* 38 (2): 187 - 202.

[135] Chen C. H., Hwang G. J., Tsai C. H. 2014. "A Progressive Prompting Approach to Conducting Context-Aware Learning Activities for Natural Science Courses," *Interacting with Computers* 26 (4): 348 - 359.

[136] Chen C. M., Li Y. L. 2010. "Personalised Context-aware Ubiquitous Learning System for Supporting Effective English Vocabulary Learning," *Interactive Learning Environments* 18 (4): 341 - 364.

[137] Cheung R., Vogel D. 2013. "Predicting user Acceptance of Collaborative Technologies: An Extension of the Technology Acceptance

Model for e-learning," *Computers & Education* 63: 160 - 175.

[138] Chianese A., Piccialli F. 2016. "A Smart System to Manage the Context Evolution in the Cultural Heritage Domain," *Computers & Electrical Engineering* (55) 02: 27 - 38.

[139] Choi S. B., Lim M. S. 2016. "Effects of Social and Technology overload on Psychological Well-being in Young South Korean Adults: The mediatory Role of Social Network Service Addiction," *Computers in Human Behavior* 61: 245 - 254.

[140] Cohen, J. 1988. *Statistical Power Analysis for the Behavioral Sciences* (*2nd ed.*). Technometrics.

[141] Cooperstock J. R. 1995. "Evolution of a Reactive Environment," Sigchi Conference on Human Factors in Computing Systems.

[142] Cronbach L. J. 1951. "Coefficient Alpha and the Internal Structure of Tests," *Psychometrika* 16 (3): 297 - 334.

[143] Davis F. D., Bagozzi R. P., Warshaw P. R. 1989. "User Acceptance of Computer Technology: A Comparison of Two Theoretical Models," *Management Science* 35 (8): 982 - 1003.

[144] Dey A. K. 2000. *Providing Architectural Support for Building Context-aware Applications.* Georgia Institute of Technology.

[145] Druzhkov P. N., Kustikova V. D. 2016. "A Survey of Deep Learning Methods and Software Tools for Image Classification and Object Detection," *Pattern Recognition and Image Analysis* 26 (1): 9 - 15.

[146] Elrod S., Hall G., Costanza R., et al. 1993. "Responsive Office Environments," *Communications of the ACM* 36 (7): 84 - 85.

[147] Fickas S., Kortuem G., Segall Z. 1997. "Software Organization for Dynamic and Adaptable Wearable Systems," IEEE International Symposium on Wearable Computers. IEEE Computer Society.

[148] Forkan A., Khalil I., Tari Z. 2014. "CoCaMAAL: A Cloud-oriented Context-aware Middleware in Ambient Assisted Living," *Future Generation Computer Systems* 35 (35): 114 - 127.

[149] Franke S., Rockstroh M., Neumuth T. 2018. "Context-awareness for Control Consoles in Integrated Operating rooms," *Current Directions in Biomedical Engineering* 4 (1): 291 - 295.

[150] Garrett N. 2009. "Computer-assisted Language Learning Trends and Issues Revisited: Integrating Innovation", *Modern Language Journal*, 93 (s1): 719 - 740.

[151] Garrett N. 2010. "Technology in the Service of Language Learning: Trends and Issues," *Modern Language Journal* 93 (s1): 697 - 718.

[152] Guermah H. A., Fissaa T. A., Hafiddi H. A. B., et al. 2013. "Ontology based Context Aware e-learning System," Isko-maghreb, International Symposium. IEEE.

[153] He J., Ren J., Zhu G., et al. 2014. "Mobile-Based AR Application Helps to Promote EFL Children's Vocabulary Study," IEEE International Conference on Advanced Learning Technologies: 431 - 433.

[154] Hong C. S., Lee K. W., Suh Y. H., et al. 2006. "Developing Context-Aware System using the Conceptual Context Model," IEEE International Conference on Computer & Information Technology. IEEE Computer Society.

[155] Hong J. Y., Suh E. H., Kim S. J. 2009. "Context-aware Systems: A Literature Review and Classification," *Expert Systems with Applications* 36 (4): 8509 - 8522.

[156] Hull R., Neaves P., Bedford-Roberts J. 1997. "Towards Situated Computing," Digest of Papers. First International Symposium on. IEEE.

[157] Hung I., Yang X. J., Fang W. C., et al. 2014. "A Context-aware

Video Prompt Approach to Improving Students' in-field Reflection Levels," *Computers & Education* 70 (C): 80 – 91.

[158] Hwang G. J., Chang H. F. 2011. "A Formative Assessment-based Mobile Learning Approach to Improving the Learning Attitudes and Achievements of Students," *Computers & Education* 56 (4): 0 – 1031.

[159] Hwang G. J., Tsai C. C., Chu H. C., et al. 2012. "A Context-aware Ubiquitous Learning Approach to Conducting Scientific Inquiry Activities in a Science Park," *Australasian Journal of Educational Technology* 28 (5): 931 – 947.

[160] José R. Hoyos, Jesús García-Molina, Juan A. Botía. 2013. "A Domain-specific Language for Context Modeling in Context-aware Systems," *Journal of Systems and Software* 86 (11): 2890 – 2905.

[161] Kasemvilas S., Olfman L. 2009. "Design Alternatives for a MediaWiki to Support Collaborative Writing ," *Journal of Information Information Technology & Organizations* 4: 87 – 104.

[162] Larcker, F. D. F. 1981. "Evaluating Structural Equation Models with Unobservable Variables and Measurement Error," *Journal of Marketing Research* 18 (1): 39 – 50.

[163] Liao Y. W., Huang Y. M., Chen H. C., et al. 2015. "Exploring the Antecedents of Collaborative Learning Performance over Social Networking Sites in a Ubiquitous Learning Context," *Computers in Human Behavior* 43: 313 – 323.

[164] Liu G. Z., Hwang G. J., Kuo Y. L., et al. 2014. "Designing Dynamic English: A Creative Reading System in a Context-aware Fitness Centre Using a Smart Phone and QR Codes," *Digital Creativity* 25 (2): 169 – 186.

[165] Liu T. Y. 2009. "A Context-aware Ubiquitous Learning Environment

for Language Listening and Speaking," *Journal of Computer Assisted Learning* 25 (6): 515 – 527.

[166] Luckin R., Holmes W. 2016 – 11 – 24. *Intelligence Unleashed: An argument for AI in Education*. https://www.pearson.com/corporate/about-pearson/innovation/smarter-digital-tools/intelligence-unleashed.html.

[167] Mark, G., Alice. P. 2015. "Location-based Language Learning for Migrants in a Smart city," *In Proceedings of the 15th International Conference on Technology*, Policy and Innovation.

[168] Masudul Hasan M., Bee Hoon T. 2013. "Podcast Applications in Language Learning: A Review of Recent Studies," *English Language Teaching* 6 (2): 128 – 135.

[169] MelihaTeparic. 2014. "Figural Representation in the Arabic Calligraphy," *Epiphany* 6 (2): 145 – 161.

[170] Mell P., Grance T. 2012. "The NIST Definition of Cloud Computing," Gaithersburg: NIST.

[171] Morris M. G., Venkatesh V., Ackerman P. L. 2005. "Gender and Age Differences in Employee Decisions About New Technology: An Extension to the Theory of Planned Behavior," *IEEE Transactions on Engineering Management* 52 (1): 69 – 84.

[172] Namiot, D., Sneps-Sneppe, M., Skokov, O. 2013 – 06 – 05. *Context-aware QR-codes*. https://arxiv.org/abs/1307.7597.

[173] Ogata H., Yano Y. 2004. "Context-aware Support for Computer-supported Ubiquitous Learning," The 2nd IEEE International Workshop on Wireless and Mobile Technologies in Education: 27 – 34.

[174] Rekimoto J., Ayatsuka Y. 1998. "Augment-able Reality: Situated Communication Through Physical and Digital Spaces," In the Pro-

ceedings of the 2nd IEEE International Symposium on Wearable Computers : 68 – 75.

[175] Schilit B. , Theimer M. 1994. “Disseminating Active Map Information to Mobile Hosts,” *IEEE Network* 8 (5): 22 – 32.

[176] Schmidt A, Aidoo K A, Takaluoma A, et al. 1999. “Advanced Interaction in Context,” International Symposium on Handheld & Ubiquitous Computing.

[177] Shatte A. , Holdsworth J. , Lee I. 2014. “Mobile Augmented Reality based Context-aware Library Management System,” *Expert Systems with Applications* 41 (5): 2174 – 2185.

[178] Sidnal N. S. , Manvi S. S. 2007. “Context Aware Mobile Commerce Using Agent Technology,” International Symposium on Ad Hoc & Ubiquitous Computing. IEEE.

[179] Smailagic A. 2004. “Unsupervised Machine Learning and Cognitive Systems in Learning User state for Context-aware Computing,” Proceedings of the 2004 International Conference on Machine Learning and Applications, pp. 16 – 18.

[180] Tortorella R. A. W. , Graf S. 2017. “Considering Learning Styles and Context-awareness for Mobile Adaptive Learning,” *Education and Information Technologies* 22 (1): 297 – 315.

[181] Venkatesh V. , Morris M. G. , Davis G. B. , et al. 2003. “User Acceptance of Information Technology: Toward a Unified View,” *MIS Quarterly* 27 (3): 425 – 478.

[182] Venkatesh, V. , Thong, J. Y. L. , Xu, X. 2012. “Consumer Acceptance and Use of Information Technology: Extending the Unified Theory of Acceptance and Use of Technology,” *MIS Quarterly* 36 (1): 157 – 178.

[183] Wang W. Y. , Huang Y. M. 2017. "Interactive Syllable-Based English Vocabulary Learning in a Context-Aware Environment," *Journal of Educational Computing Research* 55 (02): 219 – 239.

[184] Wang, H. Y. , Lin, V. , Hwang, G. J. , Liu, G. Z. 2019. "Context-aware Language-learning Application in the Green Technology Building: Which Group can Benefit the most?" *Journal of Computer Assisted Learning* 35 (3): 359 – 377.

[185] Want R, Hopper A, et al. 1992. "The Active Badge Location System," *ACM Transactions on Information Systems* 10 (1): 91 – 102.

[186] Wongpatikaseree, KonlakornKim, JunsooMakino, et al. 2013. *Architecture for Organizing Context-aware Data in Smart Home for Activity Recognition System.* Distributed, Ambient, and Pervasive Interactions. Springer Berlin Heidelberg.

[187] Wu W. , Zhang W. 2009. "PLS Path Model Building: A Multivariate Approach to Land Price Studies-A Case Study in Beijing," *Progress in Natural Science* 19 (11): 1643 – 1649.

[188] Wullems C. , Looi M. , Clark A. 2004. "Towards Context-aware Security: an Authorization Architecture for Intranet Environments," IEEE Annual Conference on Pervasive Computing and Communications Workshops. Proceedings of the Second.

[189] Zampella, F. , Antonio, R. J. R. , Seco, F. . (2013) . Robust indoor positioning fusing PDR and RF technologies: The RFID and UWB case. 2013 International Conference on Indoor Positioning and Indoor Navigation.

附录 基于 UTAUT2 的情景感知学习系统调查问卷

分类	问卷项编号	问卷项内容
绩效预期 Performance Expectancy	PE1	我觉得通过智能手机扫描二维码进行情景感知学习对我日常学习很有帮助
	PE2	情景感知学习对于我更好地达到学习目标很重要
	PE3	与其他方式相比，在智能手机上学习可以帮助我更快地达到学习目标
	PE4	手机端的情景感知学习可以提高我的学习效率
努力预期 Effort Expectancy	EE1	学习如何在智能手机端进行情景感知学习的交互操作，对我来讲很容易
	EE2	情景感知学习中的交互操作很清晰和易于理解
	EE3	我觉得情景感知学习环境和情景感知体验都很容易使用
	EE4	熟练掌握情景化情景感知学习环境，对我来讲很容易
社会影响 Social Influence	SI1	我周围的亲人和朋友认为我应该使用智能手机进行情景感知学习
	SI2	对我有影响的人（包括老师和学校管理人员）都觉得我应该使用情景感知学习平台
	SI3	周围我更加欣赏的人更倾向于让我使用情景感知学习
促进条件 Facilitating Conditions	FC1	我拥有开展情景化情景感知学习所需要的硬件设备和网络环境
	FC2	我拥有进行情景化情景感知学习所需的操作技能和知识
	FC3	在智能手机上进行情景感知学习与智能手机上安装的其他应用或操作相兼容
	FC4	课堂上有老师或其他同学可以帮我解决使用情景感知学习过程中遇到的问题

续表

分类	问卷项编号	问卷项内容
享乐动机 Hedonic Motivation	HM1	情景感知学习在使用过程中很有乐趣
	HM2	使用智能手机进行情景化的情景感知学习是很享受的
	HM3	情景感知学习在使用过程中充满娱乐性
价格价值 Price Value	PV1	情景感知学习过程中出现的花费是合理的
	PV2	情景感知学习过程中的花费是超值的
	PV3	如果要对情景感知学习中的资源收取合理费用，你觉得是否值得花费呢
行为习惯 Habit	HT1	利用手机进行情景感知学习对我来讲可以形成一种习惯
	HT2	有可能我会沉迷于情景化情景感知学习这种学习形式
	HT3	我一定要使用情景感知学习来帮助我
	HT4	情景化情景感知学习这种形式，对我来讲是一种非常自然的学习形式
行为意图 Behavioral Intention	BI1	我希望在以后的课程中能够继续使用情景感知学习
	BI2	我希望能够在更多的课程中使用到情景感知学习
	BI3	我愿意反复浏览情景感知学习中的学习资源
	BI4	我预计我会在未来的工作和学习中更多的使用情景感知学习
使用行为 Use Behaviour	UB1	请问你每次通过一个情景感知学习资源进行学习会花费多少时间
	UB2	请问一个情景感知学习资源你会反复浏览或学习几次
	UB3	请问一个情景感知学习资源你会分享给其他人几次

图书在版编目(CIP)数据

基于情景感知技术的语言学习服务研究 / 田嵩著
. -- 北京 : 社会科学文献出版社, 2020.3
ISBN 978 - 7 - 5201 - 6265 - 4

Ⅰ. ①基… Ⅱ. ①田… Ⅲ. ①计算机应用 - 第二语言 - 语言学习 - 研究 Ⅳ. ①H0 - 39

中国版本图书馆 CIP 数据核字(2020)第 029052 号

基于情景感知技术的语言学习服务研究

著　　者 / 田　嵩

出 版 人 / 谢寿光
组稿编辑 / 祝得彬　张　萍
责任编辑 / 张　萍
文稿编辑 / 张金木

出　　版 / 社会科学文献出版社 · 当代世界出版分社 (010) 59367004
　　　　　地址: 北京市北三环中路甲 29 号院华龙大厦　邮编: 100029
　　　　　网址: www. ssap. com. cn
发　　行 / 市场营销中心 (010) 59367081　59367083
印　　装 / 三河市尚艺印装有限公司

规　　格 / 开 本: 787mm × 1092mm　1/16
　　　　　印 张: 11.5　字 数: 160 千字
版　　次 / 2020 年 3 月第 1 版　2020 年 3 月第 1 次印刷
书　　号 / ISBN 978 - 7 - 5201 - 6265 - 4
定　　价 / 98.00 元